高等职业教育高速铁路施工与维护“十四五”系列教材

高速铁路无砟轨道精调技术

王婷茹◎主编
朱善美◎主审

中国铁道出版社有限公司

2025年·北　京

内 容 简 介

本书主要介绍了高速铁路无砟轨道精调技术概况、精密测量控制网布设及测量，围绕国内目前使用的主要无砟轨道结构形式，对双块式无砟轨道精调技术和板式无砟轨道精调技术的内容进行了阐述，书中也融入轨道辅助结构——道岔精调技术和长钢轨精调技术相关内容。本书采用新形态活页式，将教学内容、操作手册和学生评价融为一体，并配有在线开放课程、3D动画和教学视频等丰富的教学资源。

本书适合高等职业教育高速铁路施工与维护、铁道工程技术等专业学生使用，也可供企业施工人员和相关职业领域初学者参考使用。

图书在版编目(CIP)数据

高速铁路无砟轨道精调技术 / 王婷茹主编. —北京：中国铁道出版社有限公司，2022.6(2025.1 重印)
高等职业教育高速铁路施工与维护"十四五"系列教材
ISBN 978-7-113-28498-5

Ⅰ.①高…　Ⅱ.①王…　Ⅲ.①高速铁路-无砟轨道-精度控制-高等职业教育-教材　Ⅳ.①U213.2

中国版本图书馆 CIP 数据核字(2021)第 215379 号

书　　名：**高速铁路无砟轨道精调技术**
作　　者：王婷茹

策　　划：李露露
责任编辑：李露露　　**编辑部电话**：(010) 51873240　　**电子邮箱**：790970739@qq.com
封面设计：崔丽芳
责任校对：孙　玫
责任印制：高春晓

出版发行：中国铁道出版社有限公司（100054，北京市西城区右安门西街 8 号）
网　　址：https://www.tdpress.com
印　　刷：北京联兴盛业印刷股份有限公司
版　　次：2022 年 6 月第 1 版　2025 年 1 月第 3 次印刷
开　　本：787 mm×1 092 mm 1/16　**印张**：9.25　**字数**：190 千
书　　号：ISBN 978-7-113-28498-5
定　　价：39.80 元

前　言

截至2021年底，我国铁路营业里程已突破15万km，其中高速铁路超过4万km。“四纵四横”高速铁路网提前建成，“八纵八横”高速铁路网加密成型。根据2016年我国中长期铁路网规划，到2025年，铁路网规模达到17.5万km左右，其中高速铁路网络覆盖进一步扩大，路网结构更加优化，骨干作用更加显著，更好发挥铁路对经济社会发展的保障作用。展望到2030年，基本实现内外互联互通、区际多路畅通、省会高铁连通、地市快速通达、县域基本覆盖。

高铁作为中国的一张“大国名片”，已经在铁路建设领域获得全世界的称赞，中国高铁不仅向世人展示了中国高铁技术的成熟与先进，更是向全世界展示了中国高铁的魅力。高速列车的快速平稳舒适运行最重要的是依靠铁路轨道的高平顺性，而实现高铁的高平顺性离不开对无砟轨道的精测精调。

目前我国高速铁路精测精调技能人才紧缺，本书结合教育部关于加强职业教育教材建设的要求以及陕西铁路工程职业技术学院的双高校建设任务的需要，并立足于满足高速铁路施工与维护等专业的人才培养需求及学科发展，组织校企专家编写了本书。

本书系统介绍了高速铁路无砟轨道精调技术的基本概念、分类、原理和操作方法，结合新时代学生的特点，采用新形态活页式教材形式，以模块化划分学习内容，并引入实际案例，设定任务导向、任务驱动，并设置教学评价，以便学生能更好地自主学习相关知识和操作技能，具有较强的实用性和可操作性。同时本书配有丰富的信息化教学资源和在线课程，学生可扫码学习。

本书主要内容如下：模块1主要介绍高速铁路精调技术的重要性和分类；模块2以实际案例为导向，阐述了高速铁路控制网的布设和测量；模块3和模块4针对国内目前应用较为广泛的CRTSⅠ型双块式无砟轨道和CRTSⅢ型板式无砟轨道的精调内容进行阐述；模块5和模块6是结合轨道的辅助结构——道岔以及长钢轨精调技术进行阐述。同时每一个任务下均有课前导学思考题、课中学习任务以及课后评价表格和课后思考题。本书在编写上强调学习内容的可操作性，全部教学任务均按照实际工作流程进行设置，文字叙述简明易懂，详略得当，内容安排合理，便于学习。

本书由陕西铁路工程职业技术学院王婷茹任主编；陕西铁路工程职业技术学院程建红、苗兰弟，中铁一局集团新运工程有限公司舒杰任副主编；中国中铁四局集团第四工程有限公司朱善美任主审。具体分工如下：王婷茹编写模块1、模块2和模块5，苗兰弟编写模块3，程建红编写模块4，舒杰编写模块5。

本书在编写过程中，参考引用了高速铁路设计、高速铁路施工方面的相关书籍和资料，在此对其作者一并表示衷心的感谢。

由于编者水平有限，书中难免有疏漏之处，敬请读者给予指正。

编　者

2021年10月

目　　录

模块 1　高速铁路精调技术概况 …… 1

任务 1　高速铁路精调技术重要性 …… 1

任务 2　高速铁路精调技术分类 …… 8

模块 2　高速铁路精密控制网布设 …… 18

任务 1　高速铁路控制网布设 …… 19

任务 2　线下结构物沉降测量 …… 36

任务 3　CPⅢ控制网测量 …… 47

模块 3　CRTSⅠ型双块式无砟轨道精调技术 …… 61

任务 1　精调原理认知 …… 62

任务 2　精调任务实施 …… 69

模块 4　CRTSⅢ型板式无砟轨道精调技术 …… 81

任务 1　精调原理认知 …… 81

任务 2　精调任务实施 …… 88

模块 5　道岔精调技术 …… 103

任务 1　精调原理认知 …… 104

任务 2　精调任务实施 …… 111

模块 6　长钢轨精调技术 …… 123

任务 1　精调原理认知 …… 124

任务 2　精调任务实施 …… 134

参考文献 …… 142

笔记栏

模块 1　高速铁路精调技术概况

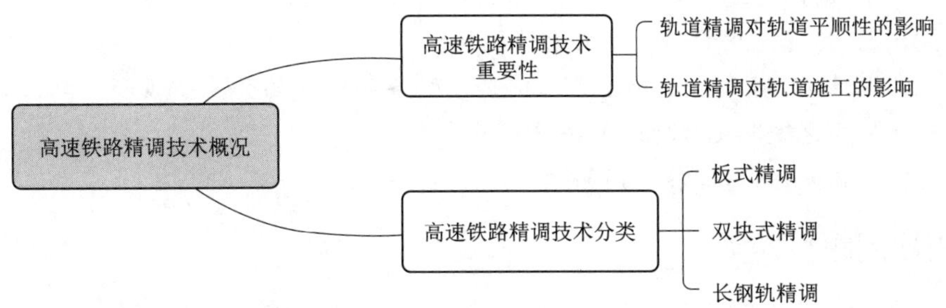

【学习目标】

知识目标：

1. 掌握高速铁路轨道精调的原理；
2. 掌握轨道精调对轨道平顺性和施工的影响；
3. 掌握轨道精调常用的仪器设备；
4. 熟悉轨道精调的技术发展及规范要求；
5. 熟悉无砟轨道精调的种类及规范要求。

能力目标：

1. 掌握轨道精调在轨道施工中的作用；
2. 熟悉轨道精调的发展进程；
3. 熟悉轨道精调工具的种类及使用方法；
4. 能够根据工程项目的要求，合理制定无砟轨道精调方案；
5. 具备正确查询、运用行业规范、标准的能力。

思政目标：

1. 培养学生对高速铁路精调工作的责任感；
2. 培养学生勤于思考、多角度、多方位分析问题的能力，培养其精益求精的工匠精神；
3. 培养学生吃苦耐劳、勇于创新、敢于创新的精神；
4. 培养学生善于与人沟通和交流，具有团队协作意识，善于总结经验。

任务 1　高速铁路精调技术重要性

【任务描述】

在我国高速铁路建设初期，主要进行了广深准高速线、京山跨区间无缝线路试验段和郑州高速试验段等线路施工。当时这些线路的施工单位均以高标

笔记栏

准、严要求完成施工任务。但是试验段实测数据表明，这些线路的轨道平顺性与当时国际上较为成熟的高速铁路标准尚有一定的差距。

在积极探索和研究后，发现试验段轨道平顺性不满足要求的主要原因是施工中缺乏高精度的作业手段和量测工具，因此铁道部于2005年分别发布了《新建时速200～250公里客运专线铁路设计暂行规定(上、下)》《新建时速300～350公里客运专线铁路设计暂行规定(上、下)》。其中的新建时速250 km客运专线铁路、新建时速300～350 km客运专线铁路，都属于后来明确规定的中国高铁范围，其规范属于高速铁路设计规范。

在规范里，明确指出轨道施工中必须配备高精度的作业手段和量测工具，才能满足高速铁路无砟轨道的高平顺性要求。

学习相关知识，回答下列问题。

【引导问题】

引导问题1：请认真思考后回答，无砟轨道为什么要进行精调？

引导问题2：经过高速铁路科研人员坚持不懈的努力终于使我国高铁轨道平顺性达到国际标准，请查阅资料后回答，目前我国高速铁路轨道平顺性的要求是什么？(请用图表说明)

引导问题3：你认为高速铁路轨道精调的重要性有哪些？请写出你对高速铁路轨道精调工作的理解。

笔记栏

【任务分组】

学生任务分配表见表1-1-1。

表1-1-1　学生任务分配表

<table>
<tr><td>班级</td><td></td><td>组号</td><td></td><td>指导老师</td><td></td></tr>
<tr><td>组长</td><td></td><td>学号</td><td></td><td></td><td></td></tr>
<tr><td>组员</td><td colspan="5"><table><tr><td>姓名</td><td>学号</td><td>姓名</td><td>学号</td></tr><tr><td></td><td></td><td></td><td></td></tr><tr><td></td><td></td><td></td><td></td></tr><tr><td></td><td></td><td></td><td></td></tr></table></td></tr>
<tr><td colspan="6">任务分工</td></tr>
</table>

【任务实施】

轨道精度主要分为________和________。

轨道调整分为________和________，分析轨道精调主要从轨道精调对________________和________________两方面进行。

1. 轨道精调对轨道平顺性的影响

________是线路方面直接限制行车速度的主要因素。

________________对以后长期的平顺状态和维修工作量有决定性的影响。

________________是轮轨系统的激扰源，特别是在高速和重载行车条件下，其影响更为显著。

随着铁路工程测量以满足线下工程施工控制要求为主的相对测量模式向________转变，具有____，被广泛应用于轨道平顺状态的检测和调整。

无砟轨道铺设好后且通车运营之前，要检测轨道是否达到________的要求。要实现________，必须进行________。施工结束后，必须通过________和________，满足平顺性要求才能进行通车，并且在后期运营维护过程中，还需要不断进行反复的轨道精调工作，以保证线路的轨道状态符合规范要求。

2. 轨道精调对轨道施工的影响

轨道精调过程中，________是有砟轨道精调精捣的重要工序之一。轨道精

笔记栏

调采用____的方式进行有砟轨道精调整理作业。

(1)在轨道达到初步稳定状态后,以________为依托,利用__________________进行数据采集和数据分析,为大型机养设备精调作业提供及时有效的数据支持。

(2)批量导入轨道测量数据,进行__________________,稳定车进行稳定,人工根据____采用__________________调整。

(3)用________对线路的________进行检查,________测量________,最终确保轨道的几何状态,道床参数符合设计要求。

【评价反馈】

1.学生进行自评(表1-1-2)

表1-1-2 学生自评表

评价项目	评价标准	分值	得分
轨道平顺性	能准确表述轨道精调对轨道平顺性影响	10	
轨道施工	能准确表述轨道精调对轨道施工影响	10	
精调分类	能准确阐述无砟轨道精调的类型及区别	40	
工作态度	态度端正,无迟到早退现象	10	
工作质量	能按计划完成工作任务	10	
协调能力	与小组成员、同学之间能合作交流,协调工作	10	
创新意识	通过学习高速铁路精调技术基本知识能更好地掌握高速铁路精调技术的相关知识与要点	10	
合计		100	

2.学生以小组为单位,对上述工作过程与结果进行互评(表1-1-3)

表1-1-3 学生互评表

评价项目	分值	等级								评价对象(组别)					
										1	2	3	4	5	6
计划合理	10	优	10	良	8	中	6	差	4						
方案准确	10	优	10	良	8	中	6	差	4						
团队合作	10	优	10	良	8	中	6	差	4						
组织有序	10	优	10	良	8	中	6	差	4						
工作质量	10	优	10	良	8	中	6	差	4						
工作效率	10	优	10	良	8	中	6	差	4						
工作完整	20	优	20	良	16	中	12	差	8						
工作规范	20	优	20	良	16	中	12	差	8						
合计	100														

3. 教师对学生工作过程和结果进行评价(表 1-1-4)

笔记栏

表 1-1-4　教师综合评价表

班级：		姓名：		学号：	
任务 1		高速铁路精调技术重要性			
评价项目		评价标准		分值	得分
考勤(10%)		无迟到、早退、旷课现象		10	
工作过程(60%)	轨道平顺性	能准确表述轨道精调对轨道平顺性影响		10	
	轨道施工	能准确表述轨道精调对轨道施工影响		10	
	轨距精调	能准确阐述轨距精调操作步骤		20	
	工作态度	态度端正，无迟到早退现象		10	
	协调能力	与小组成员、同学之间能合作交流，协调工作		10	
项目成果(30%)	工作完整	能按时完成任务		10	
	工作规范	能按规范步骤进行操作		10	
	工作报告	能准确掌握轨道精调的重要性		10	
合　计				100	
综合评价	自评(20%)	小组评价(30%)	教师评价(50%)	综合得分	

【相关知识】

1.高速铁路精调的重要性

轨道精度主要分为绝对精度和相对精度。绝对精度是指现场实际测到的轨道中线位置、高程与原先设计好的中线位置、高程的差值，又称绝对偏差，绝对偏差越小，绝对精度就越高；相对精度是指表示轨面和轨道线形的几何参数的变化率和偏差，这些几何参数一般是表示轨道的尺寸和线形。由绝对精度与相对精度的定义可知：绝对精度强调的是实测与设计的偏差，所以绝对精度常用于控制调整无砟轨道的铺设位置和高程，常用轨道高低和轨向平顺性等来表示绝对精度；而相对精度常用于控制调整轨道的尺寸和线形，常用轨道的高低变化率和轨距变化率等来表示相对精度。轨道平顺性指标一般是指轨道高低、轨向、轨距和高低变化率等，轨道高平顺性需要通过同时调整绝对精度和相对精度来实现。

轨道调整也分为施工阶段调整和维护阶段调整(又称为长钢轨精调)，因此，分析轨道精调主要从轨道精调对高速铁路轨道平顺性影响以及轨道施工阶段的影响两个方面来分析。

1. 轨道精调对轨道平顺性的影响

轨道不平顺是线路方面直接限制行车速度的主要因素。我国根据在高速行车条件下各种轨道不平顺对车辆振动、轮轨作用力的影响，与行车平稳舒适、安全性的直接关系，对高速铁路提出了高平顺性的要求。轨道高平顺性涉及面广，要求很高，是关系高速铁路建设成败的关键性问题，同时在高速铁路的设计、施工、维修过程中，都有高平顺性的要求。在《高速铁路设计规范》(TB 10621—2014)中，对于轨道正线铺设时的标准就有详细的说明，见表 1.1.1。

笔记栏

表 1.1.1　正线轨道静态铺设精度标准

序号	项　目	容许偏差	备注
1	轨距	无砟轨道±1 mm 有砟轨道±2 mm	相对于标准轨距 1 435 mm
		1/1 500	变化率
2	轨向	2 mm	弦长 10 m
		2 mm/(5 或 8a)m 10 mm/(150 或 240a)m	基线长(30 或 48a)m 基线长(300 或 480a)m
3	高低	2 mm	弦长 10 m
		2 mm/(5 或 8a)m 10 mm/(150 或 240a)m	基线长(30 或 48a)m 基线长(300 或 480a)m
4	水平	2 mm	不包含曲线、缓和曲线上的超高值
5	扭曲	2 mm	基长 3 m 包含缓和曲线上 由于超高顺坡所造成的扭曲量
6	与设计高程偏差	10 mm	站台处的轨面高程不应低于设计值
7	与设计中线偏差	10 mm	

注:表中轨向、高低栏中的 a 为无砟轨道扣件节点间距;容许偏差列中括弧内为矢距法检测点间距;备注列中括弧内为基线长,其中含 a 表达式适用于无砟轨道,与其对应的具体数值适用于有砟轨道。

可见轨道铺设要满足平顺性要求,容许偏差需要达到毫米级或更高,而传统线路施工中采用的测量方式,不能达到该精度,因此,必须对高速铁路轨道施工进行高精度测量和反复精确的调整。

无砟轨道铺设好后,高速铁路并不能直接通车运营,因为此时的轨道尚未达到高平顺的要求。要实现轨道的高平顺,必须进行轨道精调。轨道精调不仅决定了轨道平顺性能否满足规范要求,而且决定轨道线路能否通车运营。只有通过轨道精调后,高速列车才能在轨道上安全、平顺、稳定地行驶。

2. 轨道精调对轨道施工的影响

轨道精调工作是轨道工程施工的重要内容,提高轨道精调质量对确保线路质量达标、按期开展联调联试和动态验收起着至关重要的作用。实际上在轨道板铺设施工过程中,就可以进行轨道板精调,如 CRTSⅢ型板铺设过程中,为保证轨道板和底座板能够按照设计要求铺设到位,必须利用精调爪、精调标架和精调软件对每一块轨道板进行反复调整,确保其与设计位置在容许误差之内。长钢轨铺设施工结束后,通过轨道静态和动态调整,满足平顺性要求后才能进行车辆通行,并且在后期运营维护过程中,还需不断反复进行轨道精调工作,以保证线路的轨道状态符合规范要求。因此,轨道的施工精度和施工后的精调精度是高速铁路线路是否合格的主要判断因素。

有砟轨道精调过程中,轨距精调是精调精捣的重要工序之一,常采用惯导小车测量系统与捣固车相结合的方式进行有砟轨道精调整理作业。在轨道达到初步稳定状态后,以 CPⅢ轨道控制网为依托,利用惯导小车测量系统进行数

笔记栏

据采集和数据分析，为大型机养设备精调作业提供及时有效的数据支持。批量导入轨道测量数据，进行线路起、拨道作业，稳定车进行稳定，人工根据惯导小车测量的轨距偏差量采用数显道尺逐根进行轨距及轨距变化率调整。同时用轨道几何状态测量仪对线路的几何状态进行检查，刚度仪测量道床的参数，最终确保轨道的几何状态、道床参数符合设计要求。

无缝线路施工过程中由于采用工具轨并与无缝钢轨线路工作状况不同，且施工中由于工具轨(含接头)的精度、轨枕与扣件系统误差、偶然误差和人为误差等因素，使无缝线路锁定后，部分段落或部分点位轨道几何状况不能满足验收标准和行车舒适性的要求，必须进行轨道精调。

长钢轨精调工作分为静态精调和动态精调两个阶段，其中静态精调在长钢轨铺设并完成锁定后开始，检测车检测前结束；动态精调在检测车检测后开始，直至线路各项动、静态指标达到验收标准。

综上所述，轨道精调工作对高速铁路平稳运行起着至关重要的作用，随着智能化时代的到来，精调设备及软件也必将更加精确和适用。

【思考与练习】

一、多选题

1. 轨道精调对轨道工程施工的影响正确的是(　　)。

A. 提高轨道精调质量可以确保线路质量达标

B. 轨道精调是按期开展联调联试的保障

C. 动态验收的前提是轨道精调工作完成

D. 轨道精调对整个工程的工期和成本没有影响

2. 轨道不平顺的影响有(　　)。

A. 车辆振动　　B. 轮轨作用力

C. 行车平稳舒适　　D. 安全性

3. 下列对绝对精度描述正确的是(　　)。

A. 轨道的精度主要分为绝对精度和相对精度

B. 绝对偏差越小，绝对精度就越高

C. 绝对精度强调的是实测与设计的偏差

D. 绝对精度常用于控制调整无砟轨道的铺设位置和高程

4. 下列对相对精度描述正确的是(　　)。

A. 相对精度常用于控制调整轨道的尺寸和线形

B. 常用轨道的高低变化率和轨距变化率等来表示相对精度

C. 轨道高平顺性需要通过调整相对精度来实现

D. 相对精度不是实测与设计的偏差

二、问答题

1. 简述轨道精调的过程。

2. 简述轨道精调对轨道工程施工的影响。

3. 简述轨道精调的重要性。

笔记栏

任务 2 高速铁路精调技术分类

【任务描述】

京沪高速铁路总长度 1 318 km，最高运行时速 380 km。2010 年 12 月 3 日，在京沪高速铁路枣庄至蚌埠间的先导段联调联试和综合试验中，国产“和谐号”CRH380A 新一代高速动车组最高运行时速达到 486.1 km。这是继 2010 年 9 月 28 日沪杭高铁试运行创下时速 416.6 km 之后，中国高铁再次刷新世界铁路运营试验最高速。该线铺设的是 CRTSⅡ型板式无砟轨道。

兰新高速铁路是连接甘肃省兰州市与新疆维吾尔自治区乌鲁木齐市的高速铁路，是世界上一次性建成通车里程最长的高速铁路。作为一条长达 1 776 km 的长大干线，兰新高铁沿途所经地区包含了高原、高山、黄土、戈壁、沙漠、绿洲、湿地以及干旱、大风、极寒等各种地质类型和极端气候。该线铺设的是 CRTSⅠ型双块式无砟轨道。

不同的轨道类型，对应着不同的精调方法，学习相关知识，回答下列问题。

【引导问题】

引导问题 1：中国高速铁路的无砟轨道结构类型有哪些？

引导问题 2：绘制出轨道精调分类的思维导图。（提示：根据轨道结构和施工不同阶段分类）

引导问题 3：2018 年 4 月 23 日，中国铁路总公司发布了京张智能高铁列车的设计方案，全方位展示了智能列车的外观、造型和功能。智能高铁将采用云计算、物联网、大数据、北斗定位、下一代移动通信、人工智能等先进技术，通过新一代信息技术与高速铁路技术的集成融合，实现高铁智能建造、智能装备、智能运营技术水平全面提升。

请结合所学知识，查阅资料，写出智能高铁的主要特点，以及你对未来高铁的看法。

____

____

____

____

笔记栏

【任务分组】

学生任务分配表见表1-2-1。

表1-2-1　学生任务分配表

班级		组号		指导老师	
组长		学号			
组员	姓名	学号	姓名	学号	
任务分工					

【任务实施】

轨道精调技术在施工阶段根据轨道结构不同，可以分为__________、__________、__________三种。铺轨完成后及运营维护过程中进行精调工作统称为__________。

1. 写出对应板式无砟轨道结构的名称及特点。

图片	轨道类型	特点

笔记栏

续上表

图片	轨道类型	特点

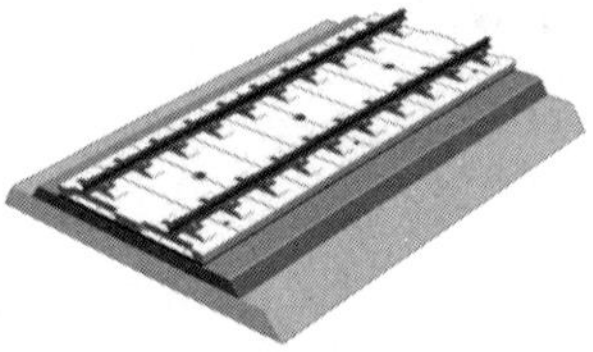		

2. 完成下表内容。

轨道类型	精调工具	精调流程(只写关键步骤)
CRTSⅠ型板式		
CRTSⅡ型板式		
CRTSⅢ型板式		
CRTSⅠ型双块式		
CRTSⅡ型双块式		

3. 对比长钢轨精调的两个阶段,分析其特点及所用精调设备。

阶段	精调工具	精调流程(只写关键步骤)
静态调整		

笔记栏

续上表

阶段	精调工具	精调流程(只写关键步骤)
动态调整		

【评价反馈】

1. 学生进行自评(表1-2-2)

表1-2-2　学生自评表

评价项目	评价标准	分值	得分
板式精调	能准确判别板式轨道类型,简述精调原理	10	
双块式精调	能准确判别双块式轨道类型,简述精调原理	10	
长钢轨精调	能准确描述长钢轨精调方法	40	
工作态度	态度端正,无迟到早退现象	10	
工作质量	能按计划完成工作任务	10	
协调能力	与小组成员、同学之间能合作交流,协调工作	10	
创新意识	明确精调技术未来发展方向,了解高速铁路精调的新技术	10	
合　计		100	

2. 学生以小组为单位,对上述工作过程与结果进行互评(表1-2-3)

表1-2-3　学生互评表

评价项目	分值	等级								评价对象(组别)					
										1	2	3	4	5	6
计划合理	10	优	10	良	8	中	6	差	4						
方案准确	10	优	10	良	8	中	6	差	4						
团队合作	10	优	10	良	8	中	6	差	4						
组织有序	10	优	10	良	8	中	6	差	4						
工作质量	10	优	10	良	8	中	6	差	4						
工作效率	10	优	10	良	8	中	6	差	4						
工作完整	20	优	20	良	16	中	12	差	8						
工作规范	20	优	20	良	16	中	12	差	8						
合　计	100														

笔记栏

3. 教师对学生工作过程和结果进行评价(表 1-2-4)

表 1-2-4 教师综合评价表

<table>
<tr><td colspan="2">班级：</td><td colspan="2">姓名：</td><td colspan="3">学号：</td></tr>
<tr><td colspan="2">任务 2</td><td colspan="5">高速铁路精调技术分类</td></tr>
<tr><td colspan="2">评价项目</td><td colspan="3">评价标准</td><td>分值</td><td>得分</td></tr>
<tr><td colspan="2">考勤(10%)</td><td colspan="3">无迟到、早退、旷课现象</td><td>10</td><td></td></tr>
<tr><td rowspan="5">工作过程(60%)</td><td>板式精调</td><td colspan="3">能准确判别板式轨道类型，简述精调原理</td><td>10</td><td></td></tr>
<tr><td>双块式精调</td><td colspan="3">能准确判别双块式轨道类型，简述精调原理</td><td>10</td><td></td></tr>
<tr><td>长钢轨精调</td><td colspan="3">能准确描述长钢轨精调方法</td><td>20</td><td></td></tr>
<tr><td>工作态度</td><td colspan="3">态度端正，无迟到早退现象</td><td>10</td><td></td></tr>
<tr><td>协调能力</td><td colspan="3">与小组成员、同学之间能合作交流，协调工作</td><td>10</td><td></td></tr>
<tr><td rowspan="3">项目成果(30%)</td><td>工作完整</td><td colspan="3">能按时完成任务</td><td>10</td><td></td></tr>
<tr><td>工作规范</td><td colspan="3">能按规范步骤进行操作</td><td>10</td><td></td></tr>
<tr><td>工作报告</td><td colspan="3">能准确掌握高速铁路精调技术分类</td><td>10</td><td></td></tr>
<tr><td colspan="5">合 计</td><td>100</td><td></td></tr>
<tr><td rowspan="2">综合评价</td><td>自评(20%)</td><td>小组评价(30%)</td><td colspan="2">教师评价(50%)</td><td colspan="2">综合得分</td></tr>
<tr><td></td><td></td><td colspan="2"></td><td colspan="2"></td></tr>
</table>

2.板式精调概况

【相关知识】

轨道精调技术在施工各阶段根据轨道结构不同，可以分为板式精调、双块式精调、长钢轨精调，在铺轨完成后，运营维护过程中的精调统称为长钢轨精调，长钢轨精调根据精调方式不同，又可以分为动态调整和静态调整两种。

1. 板式精调

我国板式无砟轨道结构类型主要有 CRTSⅠ型、CRTSⅡ型、CRTSⅢ型板式无砟轨道，具体轨道结构如图 1.2.1 所示。

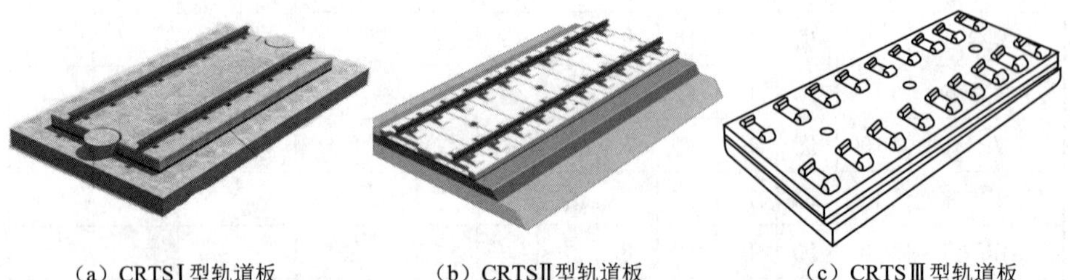

(a) CRTSⅠ型轨道板　(b) CRTSⅡ型轨道板　(c) CRTSⅢ型轨道板

图 1.2.1 板式无砟轨道

CRTSⅠ型板式无砟轨道是我国自主知识产权的轨道体系。轨道结构采用单元分段式结构，轨道板单元设置，路基上每 2～4 块轨道板下设置纵向连续的钢筋混凝土底座，相邻底座间设伸缩缝，桥梁区段每块轨道板设置一个钢筋混凝土底座。

CRTSⅡ型轨道系统主要由钢轨、扣件系统、轨道板、水泥沥青砂浆层、混

笔记栏

凝土支撑层或钢筋混凝土底座、侧向挡块、滑动层(隔离层)(滑动层仅在桥上)等部分组成。在路基、隧道基础上的CRTSⅡ型板式无砟轨道的结构组成相同。路基地段轨道板连续铺设于混凝土支撑层上,隧道内轨道板铺设于混凝土支撑层上和隧道底部仰拱回填层上,轨道板间通过纵向预留钢筋和连接器进行纵向连接。桥上轨道结构与路基地段有所不同,轨道板铺设于钢筋混凝土底座上并进行纵向连接,下部钢筋混凝土底座连续浇筑,并在底座与两面保护层之间设置滑动层,底座板两侧设置侧向限位挡块,由于CRTSⅡ型轨道板为连续结构,为防止纵向变形,在桥梁两端路基上设置摩擦板、过渡板和端刺。

CRTSⅢ型板式无砟轨道是我国铁路工程技术人员创新研发而成的具有完全自主知识产权的新型板式无砟轨道,其由钢轨、弹性不分开式扣件、预制有挡肩轨道板、内设钢筋网片的自密实混凝土填充层、中间隔离层和带有限位凹槽的钢筋混凝土底座六部分组成。

三种板式无砟轨道的精调工作均是在轨道板粗铺工作结束后进行的。CRTSⅠ型板施工精调主要利用其自身结构具有的凸形挡台,将轨道板安置在两个凸台之间,放置在可调整垫木上,为了能使其精调工作得以顺利进行,在轨道板安置时应尽量准确地摆放轨道板和安置调整件。因为调整件的移动距离一般很有限,为了避免应调整量超出调整件调整范围,放置前应将其调到中间位置。

CRTSⅡ型和CRTSⅢ型板式无砟轨道精调原理是利用CPⅢ控制网和全站仪定位,采用后方交会的方法,利用测量标架棱镜参数,与设计数据进行对比,得出调整量,进行高程和水平位置的调整,直至满足设计要求。精调工作流程基本相同,根据其轨道板的结构选用的精调标架不同,具体如图1.2.2和图1.2.3所示。

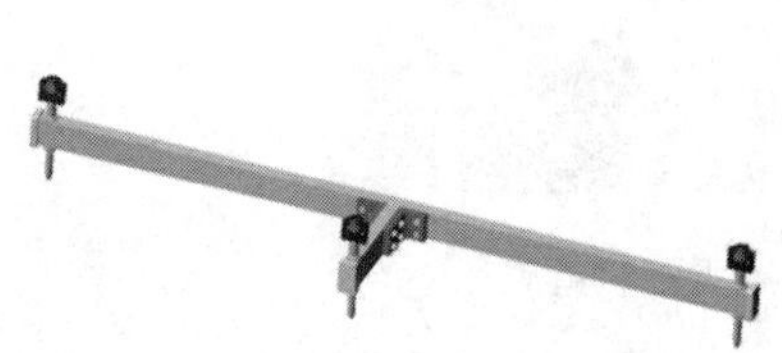

图1.2.2　CRTSⅡ型板式精调标架

图1.2.3　CRTSⅢ型板式精调标架

2. 双块式精调

3.双块式精调概况

目前我国高速铁路所使用的无砟轨道除了板式还有双块式,主要有CRTSⅠ型双块式和CRTSⅡ型双块式无砟轨道两种。

CRTSⅠ型双块式轨道系统主要有由钢轨、扣件系统、双块式轨枕、道床板、混凝土支撑层或钢筋混凝土底座(桥上)等部分组成,其中双块式轨枕为工厂预制件。

CRTSⅠ型双块式无砟轨道采用双块式轨枕作为钢轨的支撑部件,施工中通过工具轨将轨枕组装成轨排,将轨排现浇入道床板混凝土内。由于采用了工

笔记栏

具轨,其施工过程中的状况与正式线路的状况一致,因此精调测量时以钢轨作为基准进行测设(图 1.2.4)。

由于钢轨自身具有一定的柔韧性,很容易形成曲线,所以轨排组装完成后其各部位偏差均匀,能够很好地保证线路的圆顺。同时由于采用了钢轨,可以通过前后工作面间的衔接及弦线的交合消除不平顺的误差,而且方便采用轨检小车进行作业,故其测量可以采用多种方式进行,且相对点位精度要求较低。

CRTSⅡ型双块式无砟轨道也是采用双块式轨枕作为钢轨的支撑部件,但施工中通过钢支架将轨枕组装成轨排,将轨排压入到已经浇筑完成的混凝土道床板内(图 1.2.5)。由于钢支架刚度大,所以其在曲线地段以折线形式形成曲线,且无法实现弦线操作和轨检小车作业。其精度的保证主要靠支架的整体加工精度及其制作的配合精度,必须定位精确才能保证钢轨的线形圆顺,消除折线影响,避免折角产生,否则需要通过扣件进行轨道的调整。

图 1.2.4　CRTSⅠ型双块式无砟轨道施工

图 1.2.5　CRTSⅡ型双块式无砟轨道施工

综上可知,两种双块式无砟轨道由于施工程序不同,因此对应的轨道精调工作也完全不同。CRTSⅠ型双块式无砟轨道因为采用了工具轨,故可选择采用能够在轨道上行驶的轨检小车来完成精测精调工作,而 CRTSⅡ型双块式无砟轨道在施工中是将轨排压入到已经浇筑完成的混凝土道床板内,因此轨道板铺设过程中可调节范围较小,精调工作主要体现在铺轨完成后的长钢轨精测精调中,利用更换扣件实现轨道的高程和平面偏差调整量。

3. 长钢轨精调

长钢轨精调分为两个阶段,即静态调整和动态调整。

4.动态精调和静态精调概况

长钢轨的静态调整是指测量人员利用轨道检测仪(又称轨检小车)根据 CPⅢ控制点坐标静态测量轨道的几何状态,再把测出来的数据导入相应软件,分析

笔记栏

并调整线形，使平顺性达到理想状态的过程。对线形的调整包括轨向（轨向短波和轨向长波）、高低（高低短波和高低长波）、超高和轨距，以及对超高变化率和轨距变化率的控制。静态调整执行了轨道精调的大部分，并为动态调整做基础，静态调整的好坏直接影响着动态调整以及整个轨道精调的成果和精调难易程度。

以前的静态调整，是施工人员利用道尺、绳弦等工具去工地对轨道进行人工检查，并测出偏差量，然后直接就地进行调整，这种调整方法耗费人力、财力，而且还调整得很不精确。随着电子道尺等先进工具的研发，由于仍要求施工人员到现场对轨道进行检查，再调整，导致提高的精度有限。近些年，出现了轨道测量系统，该系统为综合体，上面配有各种检测与计算设备，只需让其在轨道上启动，就能实现轨道精准高效的静态调整，此测量系统具有数据采集能力（即测量技术、传感技术与计算机技术的结合）和数据分析的功能，即小车在轨道上行驶，就能测出轨道的静态外业数据即轨道的不平顺信息，还能分析这些数据，为静态调整提供指导。这样施工人员可以根据这些指导对轨道进行有目的地调整，并且调整精度会上升很多。

静态调整简单来说就是操作轨检小车进行轨道几何状态的数据采集，然后利用专业软件对数据进行分析调整，最后再进行现场扣件更换等调整工作。其中轨检小车的测量精度起到很重要的作用。

我国大力建设高铁以来，自主设计研发了多种型号的轨检小车，为国家节约了生产成本。主要有江西日月明、TRIG1000 铁路轨道检测仪、安伯格 GRP1000 轨检小车（图 1.2.6）、南方高铁轨检小车（图 1.2.7）、中铁咨询轨道检测系统和 A-INS 轨道几何状态测量系统等。

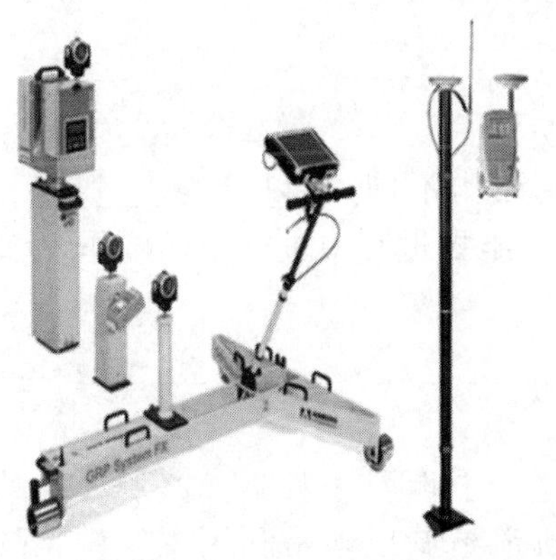

图1.2.6　安伯格 GRP1000 轨检小车

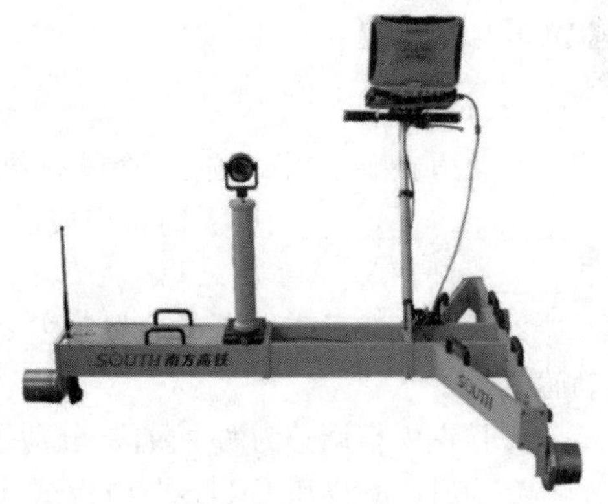

图 1.2.7　南方高铁轨检小车

长钢轨动态调整是指先分析动检车的数据，对不满足规范要求的局部区段用静态调整的方式对轨道进行调整的过程。动态调整成果的好坏直接决定线路能否通车运营。高速铁路动态检测主要是通过综合检测列车进行周期性的检测，快速地反映轨道几何不平顺问题，检测速度最高可达 350 km/h。动态精调是在联调联试、运行试验、运营期间的精调，主要根据综合检测车动态检测情况对轨道局部缺陷进行修复，对部分区段的几何尺寸进行微调。动态精调的工作程序一般为：动检车动态检测→检测数据分析→现场问题核查→轨道小车检

笔记栏

查→确定调整方案→现场调整→复核。

由于动态调整要检测的项目非常多，所以科研人员研究出一种大型综合动检车。该大型综合动检车不仅能采集到轨道动态外业数据，还能分析很多平顺指标，能对轨道执行局部平顺评定、整体平顺评定和动力学评定，为轨道的现场调整提供指导，是动态调整的重要设备。

目前国内很多客运专线都是采用 0 号高速综合检测列车(图 1.2.8)，其检测速度突破了 200 km/h，该检测车能对轨道的各项几何指标和动力学指标进行检测，并且还能将线路的供电、通信等情况显示出来，同时还拥有数据处理分析的功能，施工人员可以根据给出的分析数据，以其作为指导，进行轨道调整。0 号高速综合检测列车是目前国内最常用的大型检测车列车之一。

图 1.2.8　0 号高速综合检测列车

总之，静态调整和动态调整是长钢轨精调中不可或缺的重要环节，目前对于两者的研究不仅集中于精度，还要求有先进的智能化设备，因此长钢轨精调还有很大的发展潜力。

【思考与练习】

一、填空题

1. 轨道精调技术在施工阶段根据轨道结构不同，可以分为________、________、________三种。铺轨完成后及运营维护过程中进行精调工作统称为________。

2. 我国板式无砟轨道结构类型主要有________、________、________无砟轨道。

3. 长钢轨精调分为两个阶段，分别是________和________。

4. CRTSⅡ型和 CRTSⅢ型板式无砟轨道精调原理是利用________和________定位，采用后方交会的方法，利用测量标架棱镜参数，与设计数据进行对比，得出调整量，进行高程和水平位置的调整，直至满足设计要求。

二、单选题

1. CRTSⅡ型和 CRTSⅢ型板式无砟轨道精调中不同的是(　　)。

A. 两者精调的原理不同

B. 两者精调的流程不同

C. 两者精调采用的轨检小车不同

D. 两者精调采用的测量标架不同

笔记栏

2. CRTSⅠ型双块式精调主要利用(　　)来实现。

A. 凸型挡台　　B. 工具轨

C. 轨检小车　　D. 测量标价

3. 对静态调整的精度起到重要作用的是(　　)。

A. 轨检小车　　B. 高速综合列车

C. 设计数据　　D. 轨道线型

4. 下列对说法正确的是(　　)。

A. 动态调整执行了轨道精调的大部分

B. 静态调整的好坏直接影响着动态调整以及整个轨道精调的成果

C. 静态调整成果的好坏直接决定线路能否通车运营

D. 动态调整影响了静态调整的难易程度

三、问答题

1. 简述CRTSⅢ型板式无砟轨道精调的过程。

2. 简述静态调整和动态调整的过程。

3. 绘制轨道精调分类的思维导图。

笔记栏

模块 2　高速铁路精密控制网布设

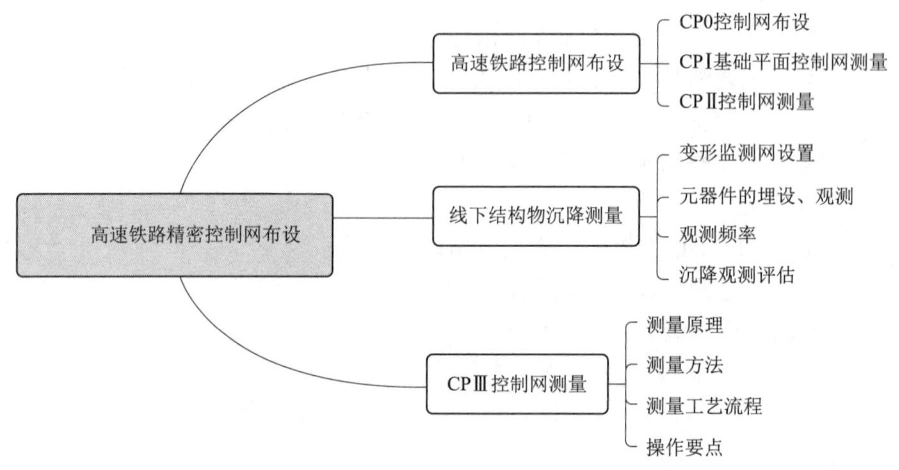

【学习目标】

知识目标：

1. 掌握高速铁路控制网布设的要求；
2. 掌握 CPⅠ、CPⅡ、CPⅢ控制网的点位埋设方法；
3. 掌握 CPⅠ、CPⅡ和 CPⅢ控制网布设的相关技术要求；
4. 掌握线下结构物沉降测量的内容；
5. 掌握高速铁路变形测量的内容；
6. 掌握路基、桥梁和隧道的基准点、工作基点、变形观测点的设置原则和变形监测网建立的技术要求。

能力目标：

1. 能够正确进行 CPⅠ、CPⅡ和 CPⅢ控制网点的选择和布设；
2. 能够正确使用 GPS 接收机进行观测；
3. 能够使用精密全站仪进行导线测量；
4. 能够根据工程项目的要求，依据相关规范、建立 CPⅢ控制网；
5. 能够根据规范要求，小组完成简易 CPⅢ控制网的测设任务，并进行误差分析；
6. 能够根据工程项目的要求，合理制定沉降监测方案；
7. 具备正确查询、运用行业规范、标准的能力。

思政目标：

1. 培养学生查阅规范、标准化作业的习惯；
2. 培养学生勤于思考、多角度、多方位分析问题的能力，培养其精益求精的

笔记栏

工匠精神；

3.培养学生吃苦耐劳、勇于创新、敢于创新的精神；

4.培养学生善于与人沟通和交流，具有团队协作意识，善于总结经验。

任务 1　高速铁路控制网布设

【任务描述】

某线路已完成线路选线设计工作，根据《高速铁路工程测量规范》（TB 10601—2009）（以下简称《规范》）、《高速铁路设计规范》（TB 10621—2014）等规范要求，布设CPⅠ、CPⅡ控制网，经检验全部合格。

学习相关知识，复核该段高速铁路 CPⅡ平面和高程控制网。

【引导问题】

引导问题 1：高速铁路控制网共有几级？分别是哪些？

引导问题 2：高速控制网布设需要的仪器有哪些？

引导问题 3：你认为高速铁路控制测量的重要性是什么？

【任务分组】

学生任务分配表见表 2-1-1。

表 2-1-1　学生任务分配表

<table>
<tr><td>班级</td><td></td><td>组号</td><td></td><td>指导老师</td><td></td></tr>
<tr><td>组长</td><td></td><td>学号</td><td></td><td></td><td></td></tr>
<tr><td>组员</td><td colspan="5"><table><tr><td>姓名</td><td>学号</td><td>姓名</td><td>学号</td></tr><tr><td></td><td></td><td></td><td></td></tr><tr><td></td><td></td><td></td><td></td></tr><tr><td></td><td></td><td></td><td></td></tr></table></td></tr>
<tr><td colspan="6">任务分工</td></tr>
</table>

笔记栏

【任务实施】

1. 工具及材料准备

提示：作业前清点作业工具及材料，确认工具及材料是否齐全，是否完好，性能是否可靠。

工具及材料名称	数量	作业前检查结果

2. 技术准备

提示：(1)列出完成作业任务所查阅的技术规范、规程要求；

(2)绘制 CPⅡ平面控制网。

(1)技术规范、规程要求   (2)CPⅡ平面控制网

3. 实施关键步骤

序号	描述步骤的主要内容

4. 写出高速铁路设计规范中对 CPⅡ控制网布设质量的验收要求

笔记栏

【评价反馈】

1. 学生进行自评(表 2-1-2)

表 2-1-2　学生自评表

评价项目	评价标准	分值	得分
工具及材料准备	能正确使用及检查工具材料	10	
技术准备	能准确查阅规范等技术资料,绘制路线图	10	
任务实施过程	实施步骤正确规范,成果合格	40	
工作态度	态度端正,无迟到早退现象	10	
工作质量	能按计划完成工作任务	10	
协调能力	与小组成员、同学之间能合作交流,协调工作	10	
创新意识	通过学习高速铁路控制网布设能更好地掌握高速铁路精调技术的相关知识与要点	10	
合　计		100	

2. 学生以小组为单位,对上述工作过程与结果进行互评(表 2-1-3)

表 2-1-3　学生互评表

评价项目	分值	等级								评价对象(组别)					
										1	2	3	4	5	6
计划合理	10	优	10	良	8	中	6	差	4						
方案准确	10	优	10	良	8	中	6	差	4						
团队合作	10	优	10	良	8	中	6	差	4						
组织有序	10	优	10	良	8	中	6	差	4						
工作质量	10	优	10	良	8	中	6	差	4						
工作效率	10	优	10	良	8	中	6	差	4						
工作完整	20	优	20	良	16	中	12	差	8						
工作规范	20	优	20	良	16	中	12	差	8						
合　计	100														

笔记栏

3. 教师对学生工作过程和结果进行评价(表 2-1-4)

表 2-1-4 教师综合评价表

班级:		姓名:		学号:	
任务 1		高速铁路控制网布设			
评价项目		评价标准		分值	得分
考勤(10%)		无迟到、早退、旷课现象		10	
工作过程(60%)	工具及材料准备	能正确使用及检查工具材料		10	
	技术准备	能准确查阅规范等技术资料,绘制路线图		10	
	任务实施过程	实施步骤正确规范,成果合格		20	
	工作态度	态度端正,无迟到早退现象		10	
	协调能力	与小组成员、同学之间能合作交流,协调工作		10	
项目成果(30%)	工作完整	能按时完成任务		10	
	工作规范	能按规范步骤进行操作		10	
	工作报告	能准确掌握高速铁路控制网布设方法		10	
合 计				100	
综合评价	自评(20%)	小组评价(30%)	教师评价(50%)	综合得分	

【相关知识】

高速铁路测量控制网是贯穿于轨道整个建设过程中,是高精度测量的基本条件。尤其是对于轨道铺设和后阶段的轨道精调工作来说,测量控制网是基础和决定性的因素。

客运专线的勘测控制网、施工精调控制网和运营维护控制网必须具有相同的计算标准和坐标系。控制网统一是“三网合一”重要性的体现,必须在勘测阶段时就开始为无砟轨道建造测量系统。

5.三网合一的概念及意义

所谓的“三网”即是无砟轨道的勘测控制网、施工精调控制网和运营管理控制网,一般在无砟轨道建网和测量的时候,简单将其划分为高程控制网和平面控制网。其中平面控制网分为四级。第一级平面控制网是框架控制网(CP0),是在国家测量控制点下采用 GPS 定位的方法建立的,CP0 的作用就是为了给下一级控制网的建立做基础;第二级平面控制网是基础平面控制网(CPⅠ),它是 3 级、4 级平面网的测量基准,是由 CP0 加密,通过 GPS 测量进行构网,控制点分布在轨道两侧,离轨道不要太远;第三级平面控制网是线路平面控制网(CPⅡ),在勘测、施工阶段,它是线路测量和 4 级平面网测量的基准,是由 CPⅠ加密,布置和 CPⅠ差不多,只是更靠近轨道;第四级平面控制网是轨道控制网(CPⅢ),如果是在 CPⅡ、CPⅠ的基础下沿轨道线路进行布设,则为平 CPⅢ面网,如果是在二等水准基点的基础下沿轨道线路进行布设,则为 CPⅢ高程网。CPⅢ控制网是轨道板精准铺设和精确测量轨道的保证,控制网的精度要求最高,往下控制网的精度要求越来越低,其中 CP0 和 CPⅠ的精度要求是一样的。

笔记栏

1. 一般规定

高速铁路平面控制测量可采用 GPS 测量技术进行，线路 CPⅡ控制网的测量可采用 GPS 或导线测量方法进行。控制网测量的相关技术规定见下述内容。

1)高速铁路工程平面控制网应按逐级控制的原则布设，各级平面控制网的设计的主要技术要求应符合表 2.1.1 的规定。

表 2.1.1　各级平面控制网设计的主要技术要求

控制网	测量方法	测量等级	点间距	相邻点的相对中误差(mm)	备注
CP0	GPS	—	50 km	20	—
CPⅠ	GPS	二等	≤4 km 一对点	10	点间距≤800 m
CPⅡ	GPS	三等	600～800 m	8	—
	导线	三等	400～800 m	8	符合导线网
CPⅢ	自由测站边角交会	—	50～70 m 一对点	1	—

注：①CPⅡ采用 GPS 测量时，CP 可按 4 km 一个点布设。

②相邻点的相对中误差为平面 x、y 坐标分量中部误差。

2)各级平面控制网的主要技术要求符合下列规定：

(1)CP0、CPⅠ、CPⅡ控制网 GPS 测量的精度指标应符合表 2.1.2 的规定。

表 2.1.2　CP0、CPⅠ、CPⅡ控制网 GPS 测量的精度指标

控制网	基线边方向中误差	最弱边相对中误差
CP0	—	1/2 000 000
CPⅠ	1.3″	1/180 000
CPⅡ	1.7″	1/100 000

(2)CPⅡ控制网导线测量的主要技术要求符合表 2.1.3 的规定。

表 2.1.3　CPⅡ控制网导线测量的主要技术要求

控制网	附合长度(km)	边长(m)	测距中误差(mm)	测角中误差(″)	相邻点的相对中误差(mm)	导线全长相对闭合差限差	方位角闭合差限差(″)	导线等级
CPⅡ	≤5	400～800	5	1.8	8	1/55 000	$\pm 3.6\sqrt{n}$	三等

当同一测区内，导线环(段)数超过 20 个时，须按式(2.1.1)计算测角中误差：

$$m_\beta = \sqrt{\frac{1}{N}\left[\frac{f_\beta^2}{n}\right]} \tag{2.1.1}$$

式中　f_β^2——角度闭合差；

n——导线环(段)的测角个数；

笔记栏

N——导线环(段)的个数。

(3)CPSⅢ平面网的主要技术要求应符合表2.1.4的规定。

表2.1.4　CPⅢ平面网的主要技术要求

控制网名称	测量方法	方向观测中误差	距离观测中误差	相邻点的相对中误差
CPⅢ平面网	自由测站边角交会	1.8″	1.0 mm	1.0 mm

3)各级平面控制网的平差计算应符合以下规定:

(1)CP0控制网应以2000国家大地坐标系作为坐标基准,以IGS参考站或国家A、B级GPS控制点作为约束点,进行控制网整体三维约束平差;

(2)CPⅠ控制网应附合到CP0上,并采用固定数据平差;

(3)CPⅡ控制网应附合到CPⅠ上,并采用固定数据平差;

(4)CPⅢ控制网应附合到CPⅠ或CPⅡ上,并采用固定数据平差。

4)增设或补设平面控制点应采用同精度内插的方法测量。

5)GPS控制测量应符合下列规定:

(1)各等级GPS测量控制网的主要技术指标,应符合表2.1.5的规定。

表2.1.5　各等级GPS测量控制网的主要技术指标

等级	固定误差 a (mm)	比例误差系数 b (mm/km)	基线方位中误差(″)	约束点间的边长相对中误差	约束平差后最弱边边长相对中误差
一等	≤5	≤1	0.9	1/500 000	1/250 000
二等	≤5	≤1	1.3	1/250 000	1/180 000
三等	≤5	≤1	1.7	1/180 000	1/100 000
四等	≤5	≤2	2	1/100 000	1/70 000
五等	≤10	≤2	3	1/70 000	1/40 000

注:当基线长度短于500 m时,一、二、三等边长中误差应小于5 mm,四等边长中误差应小于7.5 mm,五等边长中误差应小于10 mm。

(2)各等级控制网基线长度中误差应按式(2.1.2)计算。

$$\sigma=\pm\sqrt{a^2+(b\cdot d)^2} \tag{2.1.2}$$

式中　σ——基线弦长标准差(mm);

a——固定误差(mm);

b——比例误差系数(mm/km);

d——相邻点间距离(km)。

(3)各等级GPS测量作业的基本技术要求,应符合表2.1.6的规定。

表2.1.6　各等级GPS测量作业的基本技术要求

项　目		等　级				
		一等	二等	三等	四等	五等
静态测量	卫星截止高度角(°)	≥15	≥15	≥15	≥15	≥15
	同时观测有效卫星数	≥4	≥4	≥4	≥4	≥4
	有效时段长度(min)	≥120	≥90	≥60	≥45	≥40

笔记栏

续上表

项目		等级				
		一等	二等	三等	四等	五等
静态测量	观测时段数	≥2	≥2	1～2	1～2	1
	数据采样间隔(s)	10～60	10～60	10～60	10～30	10～30
	接收机类型	双频	双频	双频	单/双频	单/双频
	PDOP 或 GDOP	≤6	≤6	≤8	≤10	≤10
快速静态测量	卫星截止高度角(°)	—	—	—	≥15	≥15
	有效卫星总数	—	—	—	≥5	≥5
	观测时间(min)	—	—	—	5～20	5～20
	平均重复设站数	—	—	—	≥1.5	≥1.5
	数据采样间隔(s)	—	—	—	5～20	5～20
	PDOP(GDOP)	—	—	—	≥7(8)	≥7(8)

注：平均重复设站数≤1.5 是指至少有 50%的点设站 2 次。

(4)GPS 测量除满足以上规定外，其余各项要求应执行《铁路工程卫星定位测量规范》的相关规定。

6)导线控制网可布设成附合导线、闭合导线或导线网。各等级导线测量应符合下列规定：

(1)导线测量的主要技术要求应符合表 2.1.7 的规定。

表 2.1.7 导线测量的主要技术要求

导线等级	附合长度(km)	边长(m)	测距相对中误差(mm)	测角中误差(mm)	相邻点的相对中误差(mm)	导线全长相对闭合差限差	方位角闭合差限差(″)
二等	—	—	1/250 000	1	—	1/100 000	$2\sqrt{n}$
隧道二等	>7	300～600	1/250 000	1.3	—	1/100 000	$2.6\sqrt{n}$
三等	≤5	400～800	1/150 000	1.8	8	1/55 000	$3.6\sqrt{n}$
四等	≤5	400～600	1/80 000	2.5	—	1/40 000	$5\sqrt{n}$
一级	≤5	400～600	1/40 000	4	—	1/20 000	$8\sqrt{n}$

注：①表中 n 为测站数。

②当边长短于 500 m 时，二等边长中误差应小于 2.5 mm，三等边长中误差应小于 3.5 mm，四等、一级边长中误差应小与 5 mm，二级边长中误差应小于 7.5 mm。

(2)导线测量所使用的仪器应在有效检定期内，作业前应按《规范》附录 B 的规定进行必要的检校，广电测距仪、全站仪作业技术要求应符合附录 B 的规定。

(3)水平角观测宜除采用方向观测法，并符合表 2.1.8 的规定。

表 2.1.8 水平角方向观测法的技术要求

等级	仪器等级	半测回归零差(″)	一测回内各方向 2C 互差(″)	归零后同一方向值各测回较差(″)
四等及以上	0.5″级仪器	4	8	4

笔记栏

续上表

等级	仪器等级	半测回归零差(″)	一测回内各方向2C互差(″)	归零后同一方向值各测回较差(″)
四等及以上	1″级仪器	6	9	6
	2″级仪器	8	13	9
一级及以下	2″级仪器	12	18	12
	6″级仪器	18	—	24

注:当观测方向的垂直超过±3°的范围时,该方向2C互差可按相邻测回同方向进行比较,其值应满足表中一测回内2C互差的限值。

(4)边长测量技术要求应符合表2.1.9的规定。

表2.1.9 边长测量技术要求

等级	测距仪精度等级	每边测回数		一测回读数较差限值(mm)	测回间较差限值(mm)	往返观测平距较差限值
		往测	返测			
二等	Ⅰ	4	4	2	3	$2m_D$
	Ⅱ			5	7	
三等	Ⅰ	2	2	2	3	$2m_D$
	Ⅱ	4	4	5	7	
四等	Ⅰ	2	2	2	3	$2m_D$
	Ⅱ			5	7	
一级及以下	Ⅰ	2	2	2	3	$2m_D$
	Ⅱ			5	7	

(5)测距边的斜距应进行气象和仪器常数改正。气压、气温读数取位应符合表2.1.10的规定。三等级以上等级测量应在测站和反射镜站分别侧记,四等及以下等级可在测站进行侧记。当侧边两端气象条件差异较大时,应在测站和反射镜站分别侧记,取两端平均值进行气象改正;当测区平坦,气象条件差异不大时,四等以下等级可记录上午和下午的平均气压、气温。

表2.1.10 气压、气温读数取位要求

测量等级	干湿温度(℃)	气压(hPa)
二等	0.2	0.5
三等	0.2	0.5
四等	0.5	1
一级及以下	1	2

7)各等级三角形网测量应符合下列规定:

(1)三角形网测量的主要技术要求应符合表2.1.11的规定。

表2.1.11 三角形网测量的技术要求

等级	测角中误差(″)	三角形最大闭合差(″)	测边相对中误差	最弱边边长相对中误差	测回数		
					0.5″级仪器	1″级仪器	2″级仪器
二等	1.0	3.5	1/250 000	1/120 000	6	9	—

笔记栏

续上表

等级	测角中误差(″)	三角形最大闭合差(″)	测边相对中误差	最弱边边长相对中误差	测回数		
					0.5″级仪器	1″级仪器	2″级仪器
三等	1.8	7.0	1/150 000	1/70 000	4	6	9
四等	2.5	9.0	1/100 000	1/40 000	2	4	6

(2)三角形网水平角和边长测量,应符合相关规定。

(3)当三角形个数超过 20 个时,应按式(2.1.3)计算三角形网测角中误差;

$$m_\beta=\sqrt{\frac{[WW]}{3n}} \tag{2.1.3}$$

式中　m_β——测角中误差(″);

W——三角形内角和闭合差(″);

n——三角形个数。

2. CP0 控制网布设

在工程建设的勘测设计阶段,采用 GPS 卫星定位测量方法建立 CP0 框架控制网,作为全线的坐标起算基准。整个工程全线一次性布网,统一测量,整体平差。

CP0 控制点应沿线路走向每 50 km 左右布设一个点,点位距离线路中线不宜大于 10 km。在线路起点、终点或与其他线路衔接地段,应保证至少有 1 个 CP0 控制点。当国家既有 GPS 控制点的精度和位置满足 CP0 控制网要求时,应将其联测作为高速铁路 CP0 控制网点。在完成项目设计的基础上,按照工作程序,CP0 控制测量需要测量人员完成外业踏勘选点、标石埋设、控制网观测、观测数据处理等工作。

1)CP0 控制点选择与标石埋设

(1)点位选在地质情况稳定、地基坚实,且地下水位较低,利于 GPS 观测,不易受施工和其他人为活动干扰的地点,能长期保存的稳定区域。

(2)点位应选择在交通方便,且适合于 GPS 观测作业的地点,点位应选择在四周开阔的区域,在地面高度角 15°内不应有成片的障碍物。

(3)点位周围 200 m 范围内不得有强电磁场干扰源或强电磁反射源,不应有大面积水域或其他强烈干扰卫星信号接收的物体(如金属广告牌等)。

标石规格和埋设标准应按《规范》附录 A 的要求执行。标石埋设完成后,应现场填写点位说明,丈量标石至明显地物的距离,绘制点位示意图,并按《规范》附录 D 的格式做好点之记。新埋标石应办理测量标志委托保管书,一式二份,标石保管单位或个人与测量单位各存一份。

2)CP0 框架控制网观测

(1)仪器要求:应使用标称精度不低于 5 mm+1 ppm 的双频 GPS 接收机,同步观测的 GPS 接收机不应少于 4 台。

(2)观测时各项技术要求应符合表 2.1.12 的规定。

笔记栏

表 2.1.12 CP0 控制网观测技术要求

卫星截止高度角	数据采样间隔	同时观测有效卫星数	有效卫星的最短连续观测时间	观测时段数	有效时段长度
15°	30 s	≥4	≥15 min	≥4	≥300 min

(3)观测时段分布宜昼夜均匀,夜间观测时段数应不少于 1 个。每个观测时段不宜跨越北京时间早 8 点(世界协调时 0 点,即 UTC 时间 0 点)。

(4)天线安置应严格整平对中,天线对中误差不应大于 1 mm。天线高应在测前(开机之前)和测后(关机之后)各量取一次,每次应在相同的位置从天线三个不同方向(间隔 120°)量取,或用接收机天线专用量高器量取。单次天线高重复量取的读数互差不大于±2 mm 时,取平均值作为单次天线高观测值;测前和测后天线高观测值读数互差不大于±3 mm 时,取平均值作为天线高最终观测值。

(5)同一时段的观测过程中不得关闭或重新启动仪器,不得改变仪器的参数设置,不得转动天线位置。

(6)观测过程中若遇强雷雨、风暴天气应立刻停止当前观测时段的作业。

3)CP0 框架控制网联测

(1)CP0 控制网应与 IGS(the International GNSS Service)参考站或国家 A、B 级 GPS 点进行联测。全线联测的已知站点数不应少于 2 个,且在网中均匀分布。

(2)每个 CP0 控制点与相邻的 CP0 连接数不得小于 3,IGS 参考站或国家 A、B 级 GPS 点与其相邻的 CP0 连接数不得小于 2。

4)CP0 控制网观测数据处理

CP0 控制网观测数据处理可分为基线解算和网平差两步进行,基线向量解算和网平差应采用精密星历和专用软件来进行,不能使用一般商业软件。根据《全球定位系统(GPS)测量规范》(GB/T 18314—2009)的要求,测量精度应符合 A 级 GPS 控制网的精度要求。

(1)CP0 基线向量解算

基线向量解算应使用适合长基线解算的高精度 GPS 数据解算软件,满足以下要求:

①基线向量应采用精密星历进行基线解算。

②同一时段观测值的数据剔除率宜小于 10%。

③应采用多基线解算模式进行基线解算,计算结果应包括基线向量的各坐标分量及其协方差阵等平差所需的元素。

④基线向量解算引入的起算点坐标位置基准应为国际地球参考框架(ITRF)中的坐标成果,该坐标框架应与采用的精密星历坐标框架保持一致。起算点选用联测的 IGS 参考站或国家 A、B 级 GPS 点,其点位坐标精度应优于 0.1 m。

基线解算完成后应按规定进行 CP0 控制网基线处理结果质量检核,主要

笔记栏

进行重复观测基线较差、闭合环坐标分量闭合差的检查。

(2)CP0 网平差

CP0 网平差应采用国家或中国国家铁路集团有限公司主管部门评审通过的软件,否则对平差成果不予认可。

①无约束平差中基线向量各分量的改正数绝对值应满足式(2.1.4)要求。

$$V_{\Delta X} \leqslant 3\sigma$$
$$V_{\Delta Y} \leqslant 3\sigma \qquad (2.1.4)$$
$$V_{\Delta Z} \leqslant 3\sigma$$

各级 GPS 网相邻点间基线长度标准差用式(2.1.2)表示。其中 $a=5$ mm,$b=0.2$ mm/km,d 取各时段基线长度平均值(以 km 为单位计算),GPS 测量精度指标见表 2.1.13。

表 2.1.13　GPS 测量的精度指标

级别	B	C	D	E
a(mm)	≤8	≤10	≤10	≤10
b(mm/km)	≤1	≤5	≤10	≤20

②约束平差前,应进行外部数据处理质量检核。联测站点的已知坐标成果与无约束平差成果间差值的绝对值应小于 0.2 m,且由此计算的基线长度相对误差应小于 $0.3\times D\times10^{-6}$(D 为两测点间距离),当没有 CP0 点、需要选取 CPⅠ点进行 CPⅠ网的约束平差时,可参照执行。

③整体约束平差所采用的约束点应为 IGS 参考站或国家 A、B 级 GPS 点的 2000 国家大地坐标系成果。

④整体约束平差中基线向量各分量改正数与无约束平差同一基线改正数较差的绝对值应满足式(2.1.5)要求。

$$\mathrm{d}V_{\Delta X} \leqslant 2\sigma$$
$$\mathrm{d}V_{\Delta Y} \leqslant 2\sigma \qquad (2.1.5)$$
$$\mathrm{d}V_{\Delta Z} \leqslant 2\sigma$$

⑤无约束平差应输出 ITRF 或 IGS 国际地球参考框架下各点的三维坐标、各基线向量平差值、各基线的坐标分量、改正数及其精度。

⑥整体约束平差应输出 2000 国家大地坐标系中各点的地心坐标和大地坐标、各基线向量平差值、各基线的坐标分量、改正数及其精度。

CP0 框架控制网复测的方法和精度应与原测精度相同。CP0 复测成果转换为平面坐标后与原测成果的 x、y 坐标较差的限差为±20 mm,当较差满足限差要求时,采用原测成果,否则应按同精度扩展方法更新坐标成果。

3. CPⅠ基础平面控制网测量

CPⅠ控制网为高速铁路工程平面控制网的第一级基础平面控制网,结合具体项目,沿高速铁路走向布设 CPⅠ控制网,采用 GPS 静态相对定位测量技术进行观测,按照二等 GPS 网标准测量,作为全线各级平面控制网的坐标基准。

笔记栏

CPⅠ控制网宜在勘测阶段建立，困难时应在定测前完成，全线应一次布网，统一测量，整体平差。按照 GPS 控制网测量的工作程序，分以下几步进行。

1)CPⅠ控制点选择与标石埋设

沿铁路设计中线两侧 50～1 000 m 范围布设 GPS B 级网点，按表 2.1.1 中规定的点间距布设，在沿线大型桥梁、隧道处考虑加布点。为兼顾 GPS 网形，在实地条件允许时，CPⅠ可在铁路中心线两侧错开布点。为保证通视，CPⅠ在距离线路中心线 50～150 m 范围内沿线路一侧布设。CPⅠ如要跨线路布设，则必须考虑路基对通视的影响。其余选点要求参见 CP0 控制点选点要求。

标石坑以选点所确定的位置为中心挖掘，标石坑大小以方便作业为准，CPⅠ控制点标石埋设深度不小于 1.4 m。标石的基本形状采用正四棱柱状混凝土普通标石，柱石采用预制或现浇。采用现浇标石在施工时必须充分搅拌并捣实，埋石时不用回填土，全部采用混凝土回填并夯实；采用预制标石在施工时必须先在标石坑底部采用贫混凝土，回填时标石四周分别采用贫混凝土和素土回填并夯实。在预制柱石上压印 GPS B 级点点号，并用油漆描红，现浇时点号现场压印。

在埋石过程中，应及时拍照反应标石埋设的客观过程。挖好基坑拍一张，安放完标石拍一张，全部埋好后拍一张。拍照时应调整好相机日期、时间，文件大小以 1 M 左右为宜。拍照方向为由南往北拍。以完整点号作为影像文件名。

标石规格：CPⅠ点(B 级)，下底 30 cm×30 cm，上底 20 cm×20 cm，高 95 cm，如图 2.1.1 所示。

在某些情况下，标石需要埋设在建筑物顶上，在建筑物顶上设置标石，标石应和建筑物顶面牢固连接。建筑物上各等平面控制点标石设置规格应符合图 2.1.2的规定。

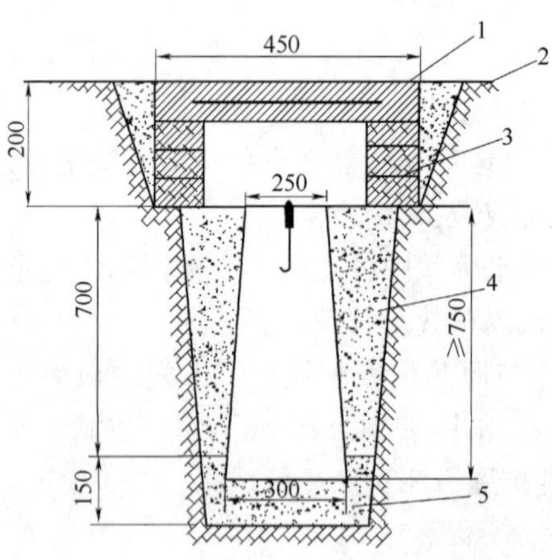

1—盖板；2—地面；3—保护井；
4—素土；5—混凝土。

图 2.1.1 CPⅠ标石埋设图(单位：mm)

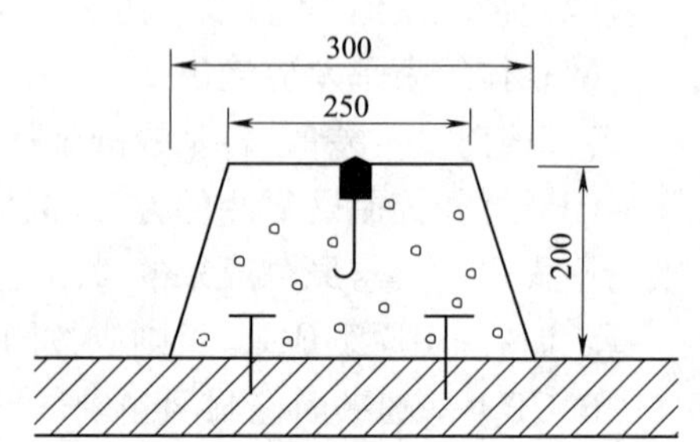

图 2.1.2 建筑物上各等平面控制点标石设置(单位：mm)

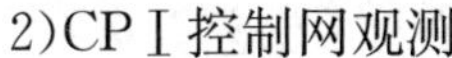

考虑CPⅠ与二等水准点共点的情况，CPⅠ、二等水准点中心标志均按一个规格制作，采用不锈钢质中心标志。在标志的正中位置刻制长10 mm，深、粗均小于0.5 mm的"十"字丝作为GPS观测的对中点，如图2.1.3所示。

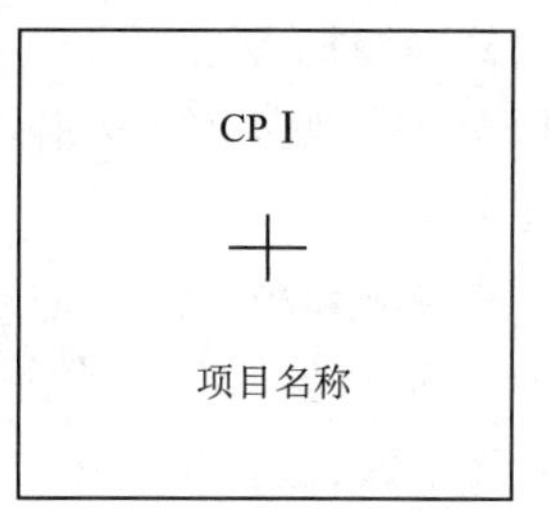

图2.1.3　标石中心标志示意图

2)CPⅠ控制网观测

(1)CPⅠ控制网观测技术指标

在进行CPⅠ平面控制网观测时，采用GPS测量技术进行，其观测技术指标见表2.1.14。

表2.1.14　CPⅠ控制网观测技术指标

技术指标	卫星高度角	有效卫星总数	平均重复设站数	观测时段数	有效时段长度	采样间隔	PDOP值
CPⅠ控制网	≥15°	≥4颗	≥2	2	≥90 min	10～60 s	≤6

(2)外业观测要求

①作业前，光学(激光)对点器与基座必须严格检查校准，在作业过程中应经常检查保持正常状态，对中误差小于1 mm。

②天线安置应严格对中、整平并指北，正确量取至厂商指定的天线参考点高度，并需获得厂商提供的参考点至天线相位中心改正常数，以便在随后的数据处理中精确计算天线高。

③天线高每时段测前(必须在开机之前)和测后(必须在关机之后)各量取一次，每次应在相同的位置，从天线三个不同方向(间隔120°)量取，或用接收机天线专用量高器量取，两次量取误差不大于±2 mm时，取平均值记入观测手簿。

④测站上所有规定作业项目经认真检查均符合要求，记录资料完整无缺，将点位恢复原状后方可迁站。

⑤在有效观测时段内，如中途断电，则该时段必须重测。因观测环境及卫星信号等原因造成数据记录中断累计时间超过25 min，则该时段重测。同步环内，如同步观测时间小于80 min，则该时段重测。

⑥每一同步环观测两个时段，前后时段仪器尽量保持一致，严格对中整平，尽量避免因多次安置仪器对重复基线较差带来的影响。

⑦同一时段观测时间不允许跨UTC时间0时，即北京时间早上8时。

⑧以"点号＋年积日＋时段号"构成数据文件名。例：CPⅠ209 298 1 2，其中，CPⅠ209为点号；298为年积日；1为该点同步环流水号；2为时段号。

3)CPⅠ控制网联测

为统一构网，进行坐标转换，应在网段的起点、中间、终点附近各联测一个高一等级CP0平面控制点，至少要有两个点。

4)CPⅠ控制网观测数据处理

CPⅠ平面控制网观测数据处理可分为基线解算和网平差两步进行，基线向量解算和网平差可以采用广播星历和商业软件来进行，如美国Trimble公司

笔记栏

的 TGO 软件、瑞士 Lecia 公司的 LGO 软件进行解算，根据《全球定位系统(GPS)测量规范》的要求，测量精度应符合一般规定中二等 GPS 网的精度要求。

基线解算精度除了通过软件本身的比率、残差以及参考方差因子判定精度外，还可通过异步环闭合差及重复基线较差分析。网平差结果精度则选用基线向量改正数、边长相对中误差、最弱点位中误差以及方位角中误差等来判定。

CPⅠ控制网数据处理原则要求：

(1)进行整网基线解算。通过比率、残差以及参考方差因子、异步环闭合差及重复基线较差等指标综合判定基线结算质量。

(2)查看环闭合差报告。有闭合差超限的环，利用相邻环间重复基线来确定不合格基线，重新解算或剔除质量较差的基线。

(3)观察网中的重复基线的分量值。如果重复基线向量的互差很小，则说明重复基线在各个时段的观测质量相近；如果互差较大，尤其是达到分米级，则综合判断其原因，并计算这些基线的互差限差，舍去超出限差的不合格基线向量。

(4)挑选出每个时段质量较高的 $N-1$ 条独立基线来参与构网，各时段使用边连式或网连式连接，构建 GPS 控制网。按照 GPS 网构建方案步骤组建 GPS 独立网。

当各项要求符合标准后，应以全网有效观测时间最长网点的 WGS-84 三维坐标作为起算数据，进行 GPS 网的无约束平差。基线向量的改正数($V_{\Delta x}, V_{\Delta y}, V_{\Delta z}$)绝对值应在规定限差之内。

原则上 GPS 网基线解算采用仪器商提供的随机软件，网平差采用鉴定合格的专门软件。

每天要对观测数据进行同步环和异步环、重复基线进行计算检核。及时进行观测数据的处理和质量分析，检查其是否符合规范和技术设计要求。单基线解算不合格时，要分析原因。

解算出每一时段的基线向量边后，并计算出该观测时段同步环坐标分量闭合差。由独立观测边组成的异步环坐标分量闭合差应符合式(2.1.6)。

$$
\begin{aligned}
W_x &\leqslant 3\sqrt{n}\sigma \\
W_y &\leqslant 3\sqrt{n}\sigma \\
W_z &\leqslant 3\sqrt{n}\sigma
\end{aligned}
\tag{2.1.6}
$$

式中 n——闭合环的边数。

已知点也应按式(2.1.6)计算附合闭合差。同一边任意两个时段成果互差应小于 GPS 接收机标准差的 $2\sqrt{2}$ 倍。当检查发现，观测数据不能满足要求时，应对成果进行全面分析，必要时应采取补测或重测。

当各项要求符合标准后，应以全网有效观测时间最长网点的 WGS-84 三维坐标作为起算数据，进行 GPS 网的无约束平差。基线向量的改正数($V_{\Delta x}, V_{\Delta y}, V_{\Delta z}$)绝对值应在规定限差($3\sigma$)之内。

在无约束平差确定的有效观测基础上，进行三维约束平差。约束平差中，基线向量的改正数与剔除粗差后无约束平差结果的同名基线相应改正数的较

笔记栏

差($d\Delta x, d\Delta y, d\Delta z$)应不大于规定限差要求。

4. CPⅡ控制网测量

CPⅡ控制网作为高速铁路工程线路平面控制网，应结合具体项目，沿高速铁路走向布设 CPⅡ控制网，采用 GPS 测量或导线测量方法施测，按照三等 GPS 网精度标准测量，作为全线施工放样的坐标基准。

CPⅡ控制网应在定测阶段完成，在 CPⅠ测量完成后进行，采用 GPS 测量或导线测量方法施测，高速铁路三级网示意图如图 2.1.4 所示。

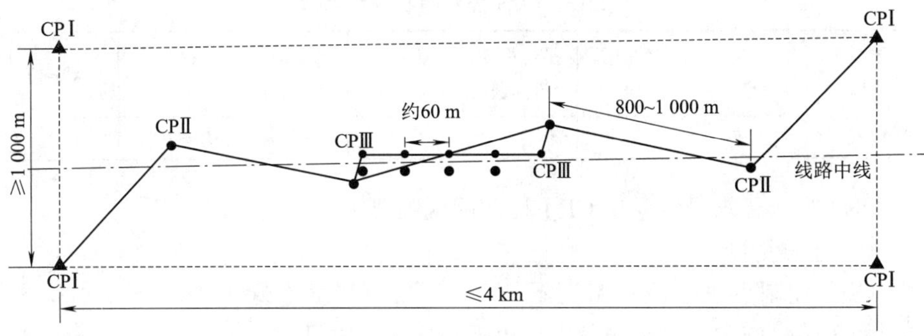

图 2.1.4　高速铁路三级网示意图

按照 CPⅠ控制网测量的工作程序，CPⅡ控制网测量分以下几步进行。

1)CPⅡ控制点选择与标石埋设

CPⅡ控制网应按表 2.1.1 的要求沿线路布设，并附合于 CPⅠ控制网上。CPⅡ控制点宜选在距线路中线 50～200 m 范围内、稳定可靠、便于测量的地方，选点可参照 CPⅠ控制点的选点要求，CPⅡ标石埋设深度不低于 1.1 m，标石埋设完成后，应现场填写点位说明，丈量标石至明显地物的距离，绘制点位示意图，按《规范》附录 D 的要求做好点之记。CPⅡ控制点作为共用点，需在测量成果中反映出相互关系。

CPⅡ控制点布设充分考虑后续施工的影响，CPⅡ控制点标志均采用直径 20 mm，长30 mm的不锈钢材料，下部采用普通钢筋焊接而成。其顶部为圆球形并刻0.5 mm深的十字分划丝，便于平面点和高程点共用。CPⅡ点与水准点共用时，其标石埋设按水准点实施。

标石规格：下底 20 cm×20 cm，上底 15 cm×15 cm，高65 cm，如图 2.1.5 所示。

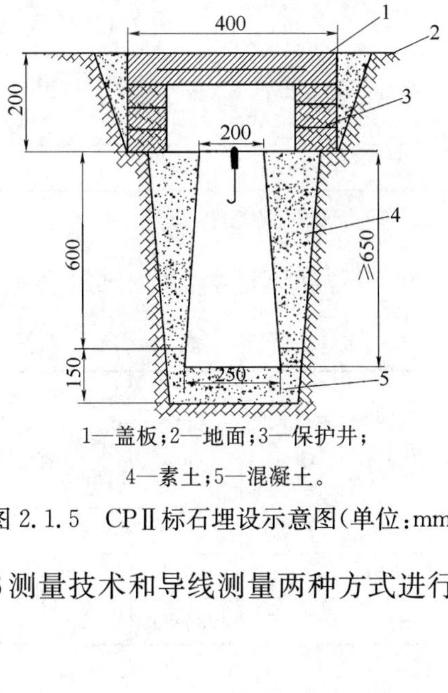

1—盖板；2—地面；3—保护井；4—素土；5—混凝土。

图 2.1.5　CPⅡ标石埋设示意图(单位：mm)

2)CPⅡ控制网外业观测

CPⅡ控制网外业观测可以采用 GPS 测量技术和导线测量两种方式进行，作业方法和数据处理的方法亦有所不同。

笔记栏

(1)GPS测量

采用GPS测量技术进行CPⅡ控制网外业观测,CPⅡ控制网应采用边联结方式构网,形成由三角形或大地四边形组成的带状网,并与CPⅠ联测构成附合网;CPⅡ控制网应按表2.1.1中三等GPS测量要求施测,观测前要对网形进行设计,保证CPⅡ点间的基线长度(不应太短)在600 m左右,并不短于4 km联测一个CPⅠ点,以保证平面坐标系统的统一,并执行相应等级GPS控制网测量指标,见表2.1.15。

表2.1.15 CPⅡ控制网观测技术指标

技术指标	卫星高度角	有效卫星总数	平均重复设站数	观测时段数	有效时段长度	采样间隔	PDOP值
CPⅡ控制网	≥15°	≥4颗	≥1	1~2	≥60 min	10~60 s	≤8

外业观测要求可以参见CPⅠ控制网观测要求。

(2)导线测量

CPⅡ控制点采用测角精度不低于1″,测距精度不低于$1\text{mm}+2\times D\times 10^{-6}$的全站仪施测。导线测量水平角观测技术要求见表2.1.16。

表2.1.16 导线测量水平角观测技术要求

控制网等级	仪器等级	测回数	半测回归零差(″)	2C较差(″)	同一方向各测回间较差(″)
CPⅡ	0.5″	3	6	9	6
	1″	4	6	9	6

导线边长测量,读数至0.1 mm。距离和竖直角往返各观测3或4测回,竖角指标差≤15″,外业采用竖直角计算平距。各项限差应满足表2.1.17的要求。

表2.1.17 导线边长观测技术要求

仪器精度等级	测距中误差(mm)	同一测回各次读数互差(mm)	测回间读数较差(mm)	往返测平距较差
Ⅰ	5	5	$\sqrt{2}m_D$	$2m_D$

注:m_D为仪器标称精度。

CPⅡ导线测量主要技术要求见表2.1.18。

表2.1.18 CPⅡ导线测量主要技术要求

控制网级别	附合长度(km)	边长(m)	测距中误差(mm)	测角中误差	相邻点位坐标中误差(mm)	导线全长相对闭合差限差	方位角闭合差限差(″)	对应导线等级
CPⅡ单导线	$L\leqslant2$	400~800	3	1.8	7.5	1/55 000	$\pm3.6\sqrt{n}$	三等
CPⅡ导线网	$2<L\leqslant7$	400~800	3	1.8	7.5	1/55 000	$\pm3.6\sqrt{n}$	三等
CPⅡ导线网	$L>7$	400~800	3	1.3	5	1/100 000	$\pm2.6\sqrt{n}$	二等

笔记栏

导线环(段)的测角中误差应按式(2.1.7)计算。

$$m_\beta = \sqrt{\frac{1}{N}\left[\frac{f_\beta^2}{n}\right]} \tag{2.1.7}$$

式中　f_β—— 导线环(段) 的角度闭合差;

n—— 导线环(段) 的测角个数;

N—— 导线环(段) 的个数。

3)CPⅡ控制网观测数据处理

采用 GPS 测量技术进行控制网测量,则数据处理方法参见 CPⅠ控制网数据处理。基线解算应符合《规范》相应的规定,并满足表 2.1.19 中指标。

表 2.1.19　基线质量检验限差

检验项目	限差要求			
	X 坐标分量闭合差	Y 坐标分量闭合差	Z 坐标分量闭合差	环线全长闭合差
独立环	$W_x \leqslant 3\sqrt{n}\sigma$	$W_y \leqslant 3\sqrt{n}\sigma$	$W_z \leqslant 3\sqrt{n}\sigma$	$W \leqslant 3\sqrt{3n}\sigma$
重复观测基线较差	$d_s \leqslant 2\sqrt{2}\sigma$			

无约束平差中基线向量各分量的改正数的绝对值应满足式(2.1.4)的要求,用作 CPⅠ控制网约束平差的约束点间边长相对中误差应满足《规范》的规定。

CPⅡ网坐标转换应在 GPS 基线网三维无约束平差的基础上,以联测 CPⅠ控制点作为约束点进行平差,计算 CPⅡ控制点的工程独立坐标。约束平差中基线向量各分量改正数与无约束平差同一基线改正数较差的绝对值应满足规定要求,并提供约束平差后相应坐标系的空间直角坐标、二维平面直角坐标、基线向量及其改正数和其精度信息。

若采用导线测量的方法进行观测,导线成果计算应在方位角闭合差及导线全长相对闭合差满足要求后,采用严密平差方法计算。

每天数据观测完毕对数据进行整理,对各项限差进行计算检核,合限的角度、平距等数据求取平均值,在控制闭合环边数(4～6)的前提下,对个别超限的角度进行了剔除,对可构成环的数据进行闭合差的检验,对不满足限差的数据进行分析,需要时进行了返工重测。

数据处理时,外业平距进行了高程归化和高斯投影改化,所有角度闭合差和边长闭合差满足要求后采用专业平差软件进行计算,平差可采用武汉大学的 COSWIN 软件进行计算。

【思考与练习】

一、简答题

1. 高速铁路建设控制测量分几级进行?每级主要包含哪两项内容?

2. CPⅠ控制点的选点、标志埋设有哪些要求?外业观测所采用的仪器和方法是什么?

3. CPⅡ控制测量的选点、标志埋设有哪些要求?

笔记栏

4. CPⅠ、CPⅡ控制测量对提供的控制点坐标采用的坐标系有何要求?

5. CPⅠ、CPⅡ控制测量的主要作用是什么?

任务2　线下结构物沉降测量

【任务描述】

某高速铁路标段路基施工内容主要为路基土石方及既有线路基加固防护施工,根据技术方案要求工后沉降目标为:设计时速300 km路段,一般地段路基填筑后沉降量不大于15 cm,沉降速度每年不大于4 cm;桥台尾过渡段工后沉降不大于8 cm。

学习相关知识,制定该段高速铁路路基、桥梁、隧道沉降测量方案,实施测量并进行验收评价。

【引导问题】

引导问题1:高速铁路线下结构物指的是什么?

____

____

____

引导问题2:高速铁路线下结构物沉降测量的验收标准是什么?

____

____

____

____

【任务分组】

学生任务分配表见表2-2-1。

表2-2-1　学生任务分配表

<table>
<tr><td>班级</td><td></td><td>组号</td><td></td><td>指导老师</td><td></td></tr>
<tr><td>组长</td><td></td><td>学号</td><td></td><td></td><td></td></tr>
<tr><td>组员</td><td colspan="5"><table>
<tr><td>姓名</td><td>学号</td><td>姓名</td><td>学号</td></tr>
<tr><td></td><td></td><td></td><td></td></tr>
<tr><td></td><td></td><td></td><td></td></tr>
<tr><td></td><td></td><td></td><td></td></tr>
</table></td></tr>
<tr><td colspan="6">任务分工</td></tr>
</table>

笔记栏

【任务实施】

1. 写出路基沉降监测点设置的原则。

2. 下图为某隧道断面，请标出隧道沉降观测点设置位置。

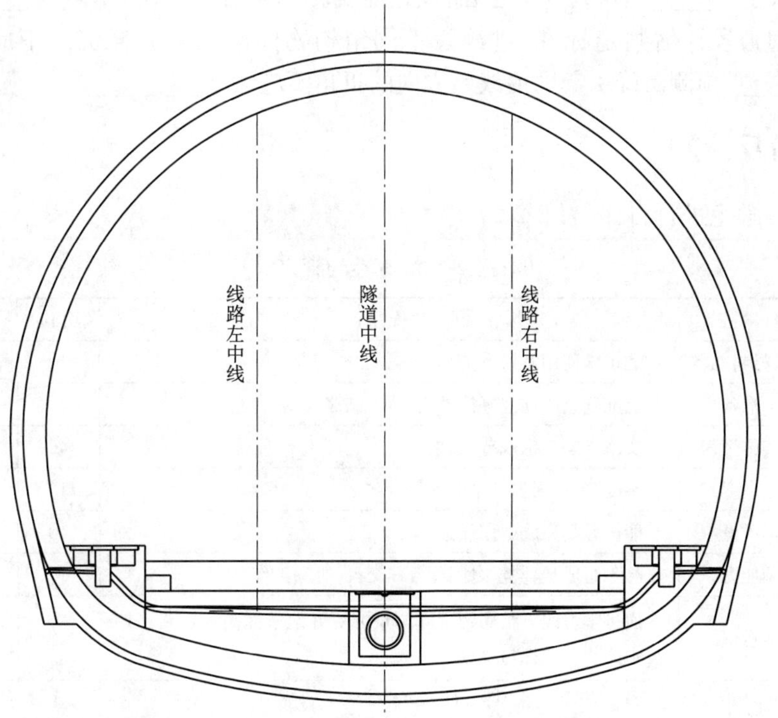

笔记栏

3. 写出桥梁沉降监测点设置时需要注意的事项。

4. 沉降观测评估。

在路基填筑完成或施加预压荷载后应保证有不少于________的观测和调整期，且应至少经过一个雨季，经分析评估沉降稳定满足设计要求后方可铺轨。

间隔不少于3个月的两次预测最终沉降差值不应________；路基填筑完成或堆载预压后，最终的沉降预测时间满足（预测时的沉降观测值与预测的最终沉降值比值不小于________）；设计预测总沉降量与通过实测资料预测的总沉降量差值不宜大于________；结合相邻桥隧预测情况，工后沉降值不大于________。

预测的桥梁基础沉降和梁体徐变变形满足《铁路工程沉降变形观测与评估技术规程》要求。预测涵洞的工后沉降不大于________。

隧道沉降评估判定标准：地质条件较好，沉降值趋于稳定且设计与实测沉降总量不大于________，可判定满足无砟轨道铺设条件，工后沉降不大于________。

过渡段评估判定标准：过渡段不同结构物间的预测差异沉降不应大于________、预测沉降引起的沿线路方向的折角不应大于____________。

【评价反馈】

1. 学生进行自评（表 2-2-2）

表 2-2-2 学生自评表

评价项目	评价标准	分值	得分
工具及材料准备	能正确使用及检查工具材料	10	
技术准备	能准确查阅规范等技术资料，绘制路线图	10	
任务实施过程	实施步骤正确规范，成果合格	40	
工作态度	态度端正，无迟到早退现象	10	
工作质量	能按计划完成工作任务	10	
协调能力	与小组成员、同学之间能合作交流，协调工作	10	
创新意识	通过学习线下结构物沉降测量能更好地掌握高速铁路精调技术的相关知识与要点	10	
合　计		100	

2. 学生以小组为单位，对上述工作过程与结果进行互评(表 2-2-3)

笔记栏

表 2-2-3　学生互评表

评价项目	分值	等级								评价对象(组别)					
										1	2	3	4	5	6
计划合理	10	优	10	良	8	中	6	差	4						
方案准确	10	优	10	良	8	中	6	差	4						
团队合作	10	优	10	良	8	中	6	差	4						
组织有序	10	优	10	良	8	中	6	差	4						
工作质量	10	优	10	良	8	中	6	差	4						
工作效率	10	优	10	良	8	中	6	差	4						
工作完整	20	优	20	良	16	中	12	差	8						
工作规范	20	优	20	良	16	中	12	差	8						
合　计	100														

3. 教师对学生工作过程和结果进行评价(表 2-2-4)

表 2-2-4　教师综合评价表

班级：		姓名：		学号：
任务 2		线下结构物沉降测量		
评价项目		评价标准	分值	得分
考勤(10%)		无迟到、早退、旷课现象	10	
工作过程(60%)	工具及材料准备	能正确使用及检查工具材料	10	
	技术准备	能准确查阅规范等技术资料，绘制路线图	10	
	任务实施过程	实施步骤正确规范，成果合格	20	
	工作态度	态度端正，无迟到早退现象	10	
	协调能力	与小组成员、同学之间能合作交流，协调工作	10	
项目成果(30%)	工作完整	能按时完成任务	10	
	工作规范	能按规范步骤进行操作	10	
	工作报告	能准确掌握线下结构物沉降测量方法	10	
合　计			100	
综合评价	自评(20%)	小组评价(30%)	教师评价(50%)	综合得分

【相关知识】

高速铁路线下结构物是指无砟轨道以下的土建工程，相对于线上而言，主要有路基工程、桥梁工程、隧道工程三种类型。要保证高速铁路无砟轨道运行的高平顺性、高舒适性对路基、桥梁、隧道等线下结构物的变形要求非常严格，如对路基而言，一般地段工后沉降不应大于 15 mm，各种构筑物过渡段差异沉

笔记栏

降不大于 5 mm。沉降引起沿线方向的折角不应大于 1‰。

沉降变形监测网的设置可分为水平位移监测网和垂直位移监测网。

1. 变形监测网设置

1)水平位移监测网：采用独立坐标系统按三等平面监测网建立，并一次布网完成。不能利用 CPⅠ和 CPⅡ控制点的监测网时，至少与一个 CPⅠ和 CPⅡ控制点联测。水平位移监测网主要技术要求见表 2.2.1。

表 2.2.1 水平位移监测网的主要技术要求

等级	相邻点位中误差(mm)	平均边长(m)	测量中误差(″)	最弱边相对中误差	作业要求
三等	±6.0	<350	±1.8	≤1/70 000	宜按国家三等平面控制测量要求观测
		<350	±2.5	≤1/40 000	宜按国家四等平面控制测量要求观测

2)垂直位移监测网：可根据需要独立建网，按二等水准测量标准施测，高程采用施工高程控制网系统。不能利用水准基点的监测网，在施工阶段至少与一个施工高程控制点联测，使垂直位移监测网与施工高程监测网一致；全线二等水准贯通后，将垂直位移监测网与二等水准点联测，将垂直监测网高程基准归化到二等水准基点上，按国家一等水准技术要求施测。垂直监测网的主要技术要求见表 2.2.2。

表 2.2.2 垂直位移监测网的主要技术要求

等级	相邻点位中误差(mm)	每站高差中误差(mm)	往返较差附合或环线闭合差(mm)	监测已测高差较差(mm)	使用仪器、观测方法的要求
二等	0.5	0.13	$0.3\sqrt{n}$	$0.5\sqrt{n}$	DS_{05} 型仪器，按国家一等水准测量施测

观测水准基点：每个独立的监测网设置不少于 3 个稳定可靠的基准点，基准点选在变形影响范围以外便于长期保存的稳定位置。使用时做稳定性检查与检验，并以稳定或相对稳定的点作为测定变形的参考点，基准点的间距不大于 1 km。观测中，工作基点应定期与水准基点进行校核。当对沉降观测成果产生怀疑时，应随时进行复测校核。沉降变形观测点的精度要求和观测方法见表 2.2.3。

表 2.2.3 沉降变形监测网的主要技术要求

等级	高程中误差(mm)	相邻点高差中误差(mm)	观测方法	往返较差、附合或环线闭合差(mm)
二等	±0.5	±0.3	按国家一等精密水准测量	$\leqslant 0.3\sqrt{n}$

6.路基变形监测

2. 元器件的埋设、观测

1)路基

(1)沉降监测设计

路基沉降观测应以路基面沉降和地基沉降观测为主，设置沉降板、观测桩

笔记栏

或剖面沉降观测装置等，监测断面的设置原则如下：

监测断面的设置根据路基工点的特点、长度、工程地质条件等因素确定监测断面数量，原则上每个工点应不少于 2 个监测断面，沉降观测断面的间距一般不大于 50 m，对于地势平坦、地基条件均匀良好、高度小于 5 m 的路堤或路堑可放宽到 100 m；对于地形、地质条件变化较大地段应适当加密。

路基与不同结构物的连接处应设置沉降观测断面，每个路桥过渡段紧靠桥台尾处、距离桥台尾 10 m、30 m 处分别设置一个沉降观测断面，每个横向结构物每侧 2.0 m 左右各设置一个观测断面。观测内容同相邻路基。

(2)各类监测具体布置

路基面沉降监测：路堤地段分别于路基中心、两侧路肩各设一个监测点。每个监测断面共 3 个点。

基底沉降监测：路堤填筑前，分别于路基面中心[或当地表横坡大于 20%时，于中心及较高侧左(或右)线外侧 2.0 m 处]预埋高精度智能型单点沉降计或沉降板进行监测。

软土地基水平位移监测：软土、松软土路基地段，沿线路纵向每隔 30～50 m在距坡脚外2 m处设置边桩进行水平沉降监测，以控制软土地段的填土速率。各监测断面设 2 个测点。

路堑边坡位移监测设计：路堑边坡位移监测设计，分别设置地表位移监测断面和深层位移监测断面，原则上每个工点应设置不少于 3 个监测断面。

①岩溶发育地段路堑及路堑边坡大于分级高度(即设置有边坡平台)地段，应考虑边坡位移监测。

②边坡高度小于 15 m 的土质或软质岩路堑，沿线路纵向每隔 50 m 左右设置一个监测断面；大于 15 m 地段，沿线路纵向每隔 30 m 左右设置一个监测断面；边坡高度小于 20 m 的硬质岩地段沿线路纵向每隔 100 m 设置一个监测断面；边坡高度大于 20 m，沿线路方向每隔50 m设置一个监测断面；边坡高度大于 30 m，每隔 30 m 左右设置一个监测断面。

③每个监测断面分别于路堑侧沟平台、桩(墙)顶、边坡平台、堑顶以及堑顶外 5.0 m、10.0 m设置观测桩。建立射线网法观测网，各工点分别于边坡变形影响范围之外 30 m 处设置观测基点。

2)桥涵

(1)沉降监测设计

7.桥涵变形监测

墩台沉降观测点在墩顶、墩身或承台上布置，每个墩、台的测点总数不少于 2 个。一般墩、台或承台对角埋设；预应力混凝土梁徐变上拱变形观测点设置在箱梁四个支点和跨中截面两侧腹板梁顶处，每孔梁的测点数应不少于 6 个；涵洞沉降观测点设在涵洞边墙两侧帽石顶上，每个涵洞测点数为 4 个。

墩台观测标埋设，当墩台高大于 14 m 时(指承台顶至墩台垫石顶)，需要埋设两个观测标；当墩台高小于等于 14 m 时，埋设一个墩台观测标。

(2)监测的项目和内容

桥梁变形观测以无砟轨道墩台基础的沉降和预应力混凝土梁的徐变变形为主，涵洞除应进行自身的沉降观测外，尚应进行洞顶填土沉降观测。

笔记栏

对原材料变化不大、预制工艺稳定、批量生产的预应力混凝土预制梁，徐变变形观测可每 30 孔选择 1 孔进行(对于小于 30 孔的桥梁则要求选择 1 孔进行观测)，其余桥梁的徐变变形观测应逐孔布置测点进行。墩台基础的沉降观测应逐墩(台)布置测点进行，涵洞的沉降观测应逐个涵洞布置测点进行。

8.隧道变形监测

梁体徐变观测需在梁体施工完成后开始布置测点，并在张拉预应力前进行首次观测。涵洞顶填土沉降的观测应与路基沉降观测同步进行。

3)隧道

二次衬砌完成后，监测点设置在易于监测的边墙(满足塔尺竖立空间)上，每侧设 1 个点，同一断面共计设置 2 个点(图 2.2.1)。一般情况下，Ⅲ级围岩每 400 m、Ⅳ级围岩每 300 m、Ⅴ级围岩每 200 m 布设一个观测断面。隧道范围内基础承载力小于 250 kPa 时，每 25 m 布设一个观测断面。隧道洞口至分界里程范围内应至少布设一个观测断面。最好在隧道仰拱填充混凝土施工结束后，在隧道明暗洞沉降缝两侧填充混凝土上各设置一个监测断面。

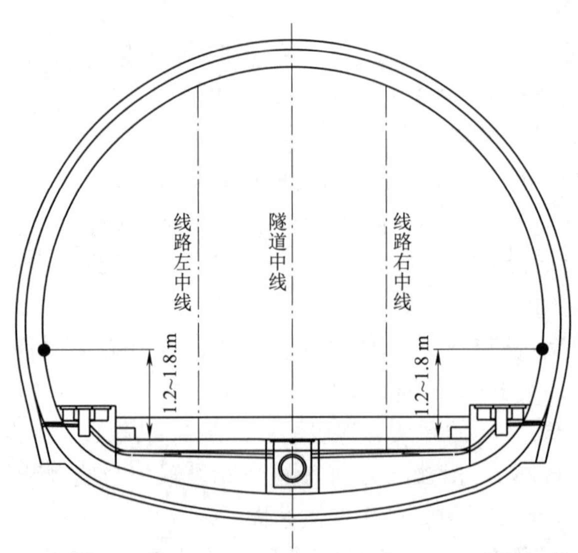

图 2.2.1 隧道内监测点设置

3. 观测频率

1)路基

沉降板、观测桩数据测量采用二等水准施测，测量数据严格平差，计算沉降量。单点沉降计、柔性位移计、剖面沉降管、测斜管、土压力盒数据测量采用相对应的数字测试仪，按照相对应的测量要求进行施测。具体的测量周期见表 2.2.4。

表 2.2.4 路基沉降观测频次

观测阶段	观测频次	
堆载或预压	一般	1 次/天
	沉降量突变	2~3 次/天
	两次填筑间隔时间较长	1 次/3 天

笔记栏

续上表

观测阶段	观测频次	
堆载预压或路基施工完毕	第 1 个月	1 次/周
	第 2、3 个月	1 次/10 天
	3 个月以后	1 次/2 周
	6 个月以后	1 次/1 月
无砟轨道铺设后	第 1 个月	1 次/2 周
	第 2、3 个月	1 次/1 月
	3～12 个月	1 次/3 月

2)桥涵

桥梁沉降观测分为墩台、梁体和涵洞沉降观测，具体见表 2.2.5～表 2.2.7。

表 2.2.5　墩台沉降观测频次

观测阶段		观测频次		备注
		观测期限	观测周期	
墩台基础施工完成		—	—	设置观测点
墩台混凝土施工		全程	荷载变化前后各 1 次(必测)、1 次/周	承台回填时，测点应移至墩身
简支梁	架梁前	全程	1 次/周	
	预制梁架设	全程	前后各 1 次	
	附属设施施工	全程	荷载变化前后各 1 次或 1 次/周	
现浇梁	制梁前	全程	1 次/周	
	上部结构施工中	全程	荷载变化前后各 1 次或 1 次/周	
	附属设施施工	全程	荷载变化前后各 1 次或 1 次/周	
架桥机(运梁车)通过		全程	前后各 1 次	至少进行 2 次通过前后的观测
桥梁主体工程完工～无砟轨道铺设前		≥6 个月	1 次/周	岩石地基的桥梁，一般不宜少于 2 个月
无砟轨道铺设期间		全程	1 次/天	
无砟轨道铺设完成后		0～3 个月	1 次/月	工后沉降长期观测
		4～12 个月	1 次/3 个月	
		13～24 个月	1 次/6 个月	

表 2.2.6　梁体竖向变形观测频次

观测阶段	观测频次		备注
	观测期限	观测周期	
梁体施工完成	—	—	设置观测点
预应力张拉期间	全程	张拉前后各一次	测试梁体弹性变形
桥梁附属设施安装	全程	安装前后各一次	测试梁体弹性变形

笔记栏

续上表

观测阶段	观测频次			备注
	观测期限		观测周期	
预应力张拉完成～无砟轨道铺设前	≥60 天		1 次/1、3、5 天 后期 1 次/周	
无砟轨道铺设期间	全程		1 次/天	
无砟轨道铺设完成后	24 个月	0～3 个月	1 次/月	残余徐变变形长期观测
		4～12 个月	1 次/3 个月	
		13～24 个月	1 次/6 个月	

表 2.2.7　涵洞沉降观测频次

观测阶段	观测频次			备注
	观测期限		观测周期	
涵洞基础施工完成	—		—	设置观测点
涵洞主体施工完成	全程		荷载变化前后 或 1 次/周	观测点移至边墙两侧
洞顶填土施工	全程		荷载变化前后 或 1 次/周	
架桥机(运梁车)通过	全程		前后	至少进行 2 次 通过前后的观测
涵洞完工～无砟轨道铺设前	≥6 个月		1 次/周	岩石地基的涵洞， 一般不宜少于 2 个月
无砟轨道铺设期间	全程		1 次/天	
无砟轨道铺设完成后	24 个月	0～3 个月	1 次/月	工后沉降长期观测
		4～12 个月	1 次/3 个月	
		13～24 个月	1 次/6 个月	

注：测试涵洞沉降时，应同时记录结构荷载状态、环境温度及天气日照情况。

3)隧道

隧道基础沉降观测的频次不应低于表 2.2.8 规定，沉降稳定后可不再进行观测。

表 2.2.8　隧道基础沉降观测频次

观测阶段	观测频次		
	观测期限		观测周期
隧底工程完成后	3 个月		1 次/周
无砟轨道铺设后	3 个月	0～1 个月	1 次/周
		1～3 个月	1 次/2 周

4. 沉降观测评估

按照《铁路工程沉降变形观测与评估技术规程》内容要求，在对路基、桥梁、

笔记栏

隧道和过渡段等不同结构物的基础沉降变形预测评估完成后，应绘制区段或全线的沉降预测变形曲线，进行综合评估，确认其满足铺设无砟轨道的要求。

1）路基

在路基填筑完成或施加预压荷载后应保证有不少于6个月的观测和调整期，且应至少经过一个雨季，经分析评估沉降稳定满足设计要求后方可铺轨。

间隔不少于3个月的两次预测最终沉降差值不应大于8 mm；路基填筑完成或堆载预压后，最终的沉降预测时间满足（预测时的沉降观测值与预测的最终沉降值比值不小于75%）；设计预测总沉降量与通过实测资料预测的总沉降量之差值不宜大于10 mm；结合相邻桥隧预测情况，工后沉降值不大于15 mm。

路基评估应根据有关设计、施工和监理的资料及交接检验和复检的结果进行综合分析，路基沉降预测采用曲线回归法，并满足以下要求：

（1）根据实际观测数据做多种曲线的回归分析，确定沉降变形的趋势，曲线回归的相关系数不应低于0.92。

（2）沉降预测的可靠性应经过验证，间隔3～6个月的两次预测的偏差不应大于8 mm。

（3）轨道铺设前最终的沉降预测应符合其预测准确性的基本要求，即从路基填筑完成或堆载预压以后沉降和沉降预测的时间t应满足式（2.2.1）。

$$s(t)/s(t=\infty)\geqslant 75\% \tag{2.2.1}$$

式中　$s(t)$——评估时实际发生的沉降；

$s(t=\infty)$——预测总沉降。

路基工后沉降的评估应结合路基各断面之间的相互关系以及相邻桥隧的沉降情况进行综合分析，路基的工后沉降以及各断面之间、路基与相邻桥隧之间的不均匀沉降应满足钢轨扣件调整和线路竖曲线圆顺的要求，差异沉降满足轨道结构的要求。

2）桥梁

对于预制梁桥，基础沉降应按墩台混凝土施工后、架梁前及架梁后三阶段进行；对于原位施工的桥梁及涵洞，基础沉降应根据实际施工状态及荷载变化情况，划分多个阶段。

两次预测最终沉降的差值不大于8 mm（一般间隔3个月，岩石间隔1个月）；桥梁主体结构完工至无砟轨道铺设前，沉降预测的时间应满足（预测时的沉降观测值与预测的最终沉降值比值不小于75%）；设计预测的沉降量与通过实测资料预测的总沉降量之差不大于10 mm；岩石地基等良好地质的桥涵，墩台沉降值趋于稳定且设计与实测沉降总量不大于5 mm，可判定满足无砟轨道铺设条件。

预应力混凝土桥梁上部结构变形符合以下规定：终张完成时，跨中弹性变形不宜大于设计值的1.05倍；扣除各项弹性变形、终张拉60天后，小于50 m梁体跨中徐变上拱不大于7 mm；大于50 m梁体跨中徐变实测值不大于$L/7\ 000$或14 mm；不满足上述两项时，需根据实测结果确定梁体的实际弹性变形及徐变系数，并按下式估算无砟轨道最早铺设时间：

笔记栏

$$[\Phi(\infty)-\Phi(t)]\times\Delta_{弹性}\leqslant\Delta_{允许} \quad (2.2.2)$$

预测的桥梁基础沉降和梁体徐变变形满足《铁路工程沉降变形观测与评估技术规程》要求。预测涵洞的工后沉降不大于 15 mm。

桥梁墩台基础的沉降量应按恒载计算，无砟桥面桥梁的工后沉降量不应超过下列容许值：墩台均匀沉降量 20 mm，相邻墩台沉降量之差 5 mm。对于超静定结构，其相邻墩台均匀沉降量之差的容许值，还应满足沉降时对结构产生的附加应力在结构的允许范围内。

涵洞基础的沉降按恒载、活载共同作用计算，活载换算土柱高度为 2.9 m，工后沉降量不应大于相应段路基控制标准。涵洞预留拱度按常规铁路设计办法处理，但对小孔径涵洞，应考虑压路机荷载对涵洞沉降的影响。

3)隧道沉降评估判定标准

地质条件较好，沉降值趋于稳定且设计与实测沉降总量不大于 5 mm，可判定满足无砟轨道铺设条件，工后沉降不大于 15 mm。

4)过渡段评估判定标准

过渡段不同结构物间的预测差异沉降不应大于 5 mm、预测沉降引起的沿线路方向的折角不应大于 1/1 000。

【思考与练习】

一、填空题

1. 路基的工后沉降以及各断面之间、路基与相邻桥隧之间的不均匀沉降应满足______________________________，差异沉降满____________。

2. 高速铁路无砟轨道运行的高平顺性、高舒适性对路基、桥梁、隧道等线下结构物的变形要求非常严格，工后沉降不应大于________，各种构筑物过渡段差异沉降不大于________。沉降引起沿线方向的折角不应大于________。

二、单选题

1. 隧道基础沉降观测频次在无砟轨道铺设后 1 个月内为(　　)。

A. 1 次/2 周　　B. 2 次/周

C. 1 次/周　　D. 1 次/3 周

2. 路基沉降观测频次在无砟轨道铺设后第 1～2 个月内为(　　)。

A. 1 次/2 周　　B. 2 次/周

C. 1 次/月　　D. 2 次/月

3. 关于路基评估，以下说法错误的是(　　)。

A. 路基评估应根据有关设计、施工和监理的资料及交接检验和复检的结果进行综合分析

B. 曲线回归的相关系数不应低于 0.92

C. 沉降预测的可靠性不需要验证

D. 轨道铺设前最终的沉降预测应符合其预测准确性的基本要求

三、问答题

1. 简述线下结构物沉降观测的重要性。

笔记栏

任务 3　CPⅢ控制网测量

【任务描述】

京沪高速铁路自北京南站出发，经过天津、济南、徐州、蚌埠、南京、镇江、苏州，终到上海虹桥站。北京南站站中心至虹桥站站中心正线运营长度为 1 318 km。京沪高铁设计时速为 350 km。

全线路基段长 235.5 km，占正线长度的 17.9%；桥梁共 268 座（不含公路及框构桥），长 1 117.5 折合双延米，占正线长度的 80.9%；隧道 20 座，长度 15.7 km，占正线长度的 1.2%。

全线以采用 CRTSⅡ型板式无砟轨道为主，仅在南京大胜关长江大桥主桥与黄河特大桥主桥采用有砟轨道结构，在主桥两侧与路基连接段采用 CRTSⅠ型板式无砟轨道。全线采用跨区间无缝线路。车站正线采用 18 号无砟道岔，各联络线与正线间采用 42 号大号码道岔。

本次工作任务为完成京沪高速铁路正线 CRTSⅡ型无砟轨道某标段加密基标（轨道基准点）的测量作业。

学习相关知识，制定该段 CPⅢ控制网二等水准点的复测方案，实施测量并进行验收评价。

【引导问题】

引导问题 1：什么是 CPⅢ控制网？

引导问题 2：CPⅢ控制网的作用是什么？

引导问题 3：如何进行 CPⅢ控制网复测？

笔记栏

【任务分组】

学生任务分配表见表 2-3-1。

表 2-3-1 学生任务分配表

<table>
<tr><td>班级</td><td></td><td>组号</td><td></td><td>指导老师</td><td></td></tr>
<tr><td>组长</td><td></td><td>学号</td><td></td><td></td><td></td></tr>
<tr><td>组员</td><td colspan="5"><table><tr><td>姓名</td><td>学号</td><td>姓名</td><td>学号</td></tr><tr><td></td><td></td><td></td><td></td></tr><tr><td></td><td></td><td></td><td></td></tr><tr><td></td><td></td><td></td><td></td></tr></table></td></tr>
<tr><td colspan="6">任务分工</td></tr>
</table>

【任务实施】

1. 工具及材料准备

提示:作业前清点作业工具及材料,确认工具及材料是否齐全,是否完好,性能是否可靠。

工具及材料名称	数量	作业前检查结果

2. 技术准备

提示:(1)列出完成作业任务所查阅的技术规范、规程要求;

(2)绘制 CPⅢ高程控制网测量路线图。

(1)技术规范、规程要求   (2)CPⅢ高程控制网测量路线图

笔记栏

3. 实施关键步骤

序号	描述步骤的主要内容

4. 测量成果表

测站	视准点	视距读数		标尺读数		读数差(mm)	高差中数(m)	累积高差(m)	备注
	后视	后距 1	后距 2	后尺读数 1	后尺读数 2				
	前视	前距 1	前距 2	前尺读数 1	前尺读数 2				
	项目	视距差(m)	累积差(m)	高差(m)	高差(m)				
1	CPⅢ302								
	CPⅢ301								
2	CPⅢ301								
	CPⅢ303								
3	CPⅢ303								
	CPⅢ304								
4	CPⅢ304								
	CPⅢ302								
测段计算	测段起点	CPⅢ302							
	测段终点	CPⅢ302		累计视距差		m			
	累计前距		km	累计高差		m			
	累计后距		km	测段距离		km			

笔记栏

5. 高程平差赋值

点名	测段编号	距离(m)	观测高差(m)	改正数(m)	改正后高差(m)	高　程(m)
CPⅢ302						10.0000
	1					
CPⅢ301						
	2					
CPⅢ303						
	6					
CPⅢ305						
	7					
CPⅢ306						
	8					
CPⅢ304						
	4					
CPⅢ302						
$\sum$						
W=			$W_{允}$=			

注:距离取位到 0.001 m,高差、改正数和改正后高差取位到 0.000 01 m,高程取位到 0.000 01 m,闭合差和允许闭合差取位到 0.01 mm。

【评价反馈】

1. 学生进行自评(表 2-3-2)

表 2-3-2　学生自评表

评价项目	评价标准	分值	得分
工具及材料准备	能正确使用及检查工具材料	10	
技术准备	能准确查阅规范等技术资料,绘制路线图	10	
任务实施过程	实施步骤正确规范,成果合格	40	
工作态度	态度端正,无迟到早退现象	10	
工作质量	能按计划完成工作任务	10	
协调能力	与小组成员、同学之间能合作交流,协调工作	10	
创新意识	通过学习 CPⅢ控制网测量能更好地掌握高速铁路精调技术的相关知识与要点	10	
合　计		100	

笔记栏

2. 学生以小组为单位，对上述工作过程与结果进行互评（表 2-3-3）

表 2-3-3 学生互评表

评价项目	分值	等级								评价对象（组别）					
										1	2	3	4	5	6
计划合理	10	优	10	良	8	中	6	差	4						
方案准确	10	优	10	良	8	中	6	差	4						
团队合作	10	优	10	良	8	中	6	差	4						
组织有序	10	优	10	良	8	中	6	差	4						
工作质量	10	优	10	良	8	中	6	差	4						
工作效率	10	优	10	良	8	中	6	差	4						
工作完整	20	优	20	良	16	中	12	差	8						
工作规范	20	优	20	良	16	中	12	差	8						
合　计	100														

3. 教师对学生工作过程和结果进行评价（表 2-3-4）

表 2-3-4 教师综合评价表

班级：		姓名：		学号：	
任务 3		CPⅢ控制网测量			
评价项目		评价标准		分值	得分
考勤（10%）		无迟到、早退、旷课现象		10	
工作过程（60%）	工具及材料准备	能正确使用及检查工具材料		10	
	技术准备	能准确查阅规范等技术资料，绘制路线图		10	
	任务实施过程	实施步骤正确规范，成果合格		20	
	工作态度	态度端正，无迟到早退现象		10	
	协调能力	与小组成员、同学之间能合作交流，协调工作		10	
项目成果（30%）	工作完整	能按时完成任务		10	
	工作规范	能按规范步骤进行操作		10	
	工作报告	能准确掌握 CPⅢ控制网测量		10	
合　计				100	
综合评价	自评（20%）	小组评价（30%）	教师评价（50%）	综合得分	

【相关知识】

9.CPⅢ控制网介绍

为确保高速铁路轨道具有可靠的稳定性和高平顺性，同时保证行车安全并有良好的乘坐舒适度，对轨道控制网（CPⅢ）测量精度提出了严格的要求，如何建立高精度的轨道控制网（CPⅢ），是轨道铺设测量精度控制的关键。CPⅢ控制网由施工单位建网测量，工程竣工后移交给运营单位用于运营期间轨道维护测量，具有相对精度高、点位分布密集、测量工作量大、使用周期长等特点。

笔记栏

1. 测量原理

轨道控制网(CPⅢ)控制点埋设为强制归心标志,沿线路纵向 60 m 左右布设一对,起闭于基础平面控制网(CPⅠ)或线路平面控制网(CPⅡ)及线路水准基点,是沿线路布设的平面、高程三维控制网,在线下工程竣工并通过沉降变形评估合格后进行施测,是轨道铺设和运营维护的基准。平面控制网应采用自由测站边角后方交会导线测量原理施测,高程控制网采用精密水准测量原理施测。

2. 测量方法

在测量标志上安置棱镜,采用专用数据采集软件控制智能型全站仪,按自由测站边角后方交会法进行平面控制网测量数据的采集,在测量标志上安置水准测量连接杆,采用电子水准仪按环形水准路线进行高程控制网观测,采用经认证的 CPⅢ控制网平差软件将观测数据导入计算机进行数据质量检核及平差处理,进而得到控制网精度信息和坐标、高程成果。

3. 测量工艺流程(图 2.3.1)

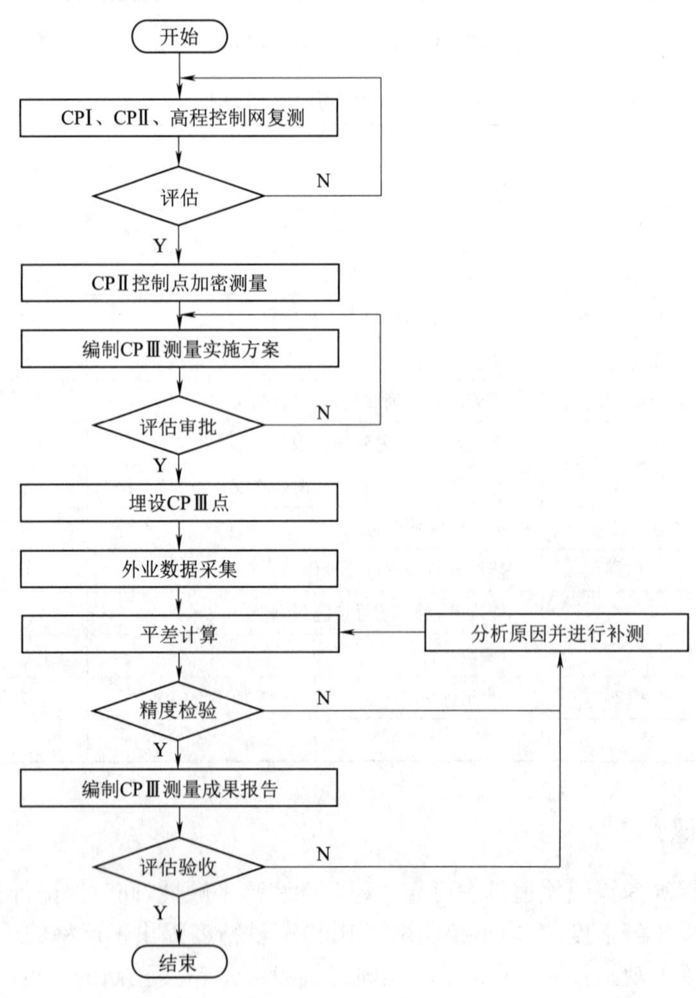

图 2.3.1 测量工艺流程

笔记栏

4.控制点布设

1)CPⅠ、CPⅡ及线路水准点复测

CPⅠ控制网按二等GPS测量的技术要求进行复测，CPⅡ控制网按三等GPS测量的技术要求进行复测。高程控制网按二等水准测量的精度要求进行复测，对于区域地面沉降显著的段落，二等水准点的复测应在CPⅢ前较短的时间内进行全面复测，并且轨道施工应集中在较短的时间内进行施工，以避免区域不均匀沉降的影响。

2)CPⅡ控制点加密测量

CPⅡ加密点布设时，与CPⅢ自由测站点联测的相邻CPⅡ控制点间距宜为400～800 m，平均间距约600 m，且与联测的CPⅢ自由测站之间的距离小于300 m。

CPⅡ加密点的选点、埋石、观测、数据处理均与CPⅡ勘测设计时的技术要求相同，路基、桥梁地段一般采用GPS测量进行加密，在桥上加密CPⅡ时，应充分考虑桥梁的稳定性，设置在桥梁固定端且桥墩沉降稳定的地方，为保证CPⅡ联测精度，平差时以相邻CPⅠ及CPⅡ为约束点进行平差。隧道CPⅢ网测量前，需先进行隧道内导线、高程的贯通测量，并做好贯通误差调整，以导线测量的技术要求进行隧道洞内CPⅡ控制网的测设。

10.CPⅢ控制网点位布设

3)CPⅢ控制点布设

CPⅢ控制点一般按60 m左右一对布设，且不应大于80 m，点位设置高度不低于钢轨顶面0.3 m，左右一对点大致等高，纵向里程差应小于1 m，控制点应设置在稳固、可靠、不易破坏和便于测量的地方，并应防冻、防沉降和抗移动，控制点标识要清晰、齐全，便于准确识别和使用。

4)控制点埋设

CPⅢ控制点测量标志由预埋件和棱镜组组成，棱镜组件安装在预埋件上，棱镜中心即为CPⅢ点的点位。一条铁路线上的预埋件规格型号应统一，预埋件的材质为不锈钢。在路基、桥梁段预埋件需埋设在辅助立柱的内侧或顶端，隧道内埋预埋件需设在水沟电缆槽外侧壁顶部或隧道竖墙两侧。

(1)路基上CPⅢ控制点埋设

在接触网基础上使用钢筋混凝土成对浇筑CPⅢ控制点辅助立柱，辅助立柱直径为25 cm，顶面高于设计轨道面至少30 cm。待基础稳定后，在CPⅢ辅助立柱内侧面或顶面钻孔，然后使用速凝砂浆或锚固剂埋设CPⅢ标志预埋件。

(2)桥梁上CPⅢ控制点埋设

①简支梁

对于24 m或32 m简支梁每2孔埋设一对CPⅢ点，相邻两对CPⅢ点相距约为48 m、56 m或64 m。对于连续24 m简支梁，根据实际情况也可每三孔埋设一对CPⅢ点，CPⅢ点宜埋设在桥梁固定端距梁端0.5 m的位置。

②普通连续梁

CPⅢ点应优先埋设于固定端上方，跨度超过80 m的，应在跨中部分增设CPⅢ点对，该对CPⅢ点应尽可能在同等条件下使用，使用前应进行复核。

③大跨连续梁和特殊结构

大跨桥梁和特殊结构CPⅢ点埋设方案根据工程结构特点单独制定。

笔记栏

(3)隧道内 CPⅢ点埋设

隧道内 CPⅢ点一般埋设在电缆槽顶面以上 30～50 cm 的边墙内衬上,条件允许时还可以埋设在电缆槽外侧壁上。

5)CPⅢ控制点编号

CPⅢ点编号采用 7 位编号形式,如 0354301,为避免长短链地段编号重复的问题,前 4 位采用四位连续里程的公里数,当里程不足千、百、拾千米时,加“0”填充,以保证 CPⅢ的点号都是七位数齐全,第 5 位是“3”表示是 CPⅢ网点,第 6、7 位为流水号,按 01～99 号数循环。由小里程向大里程方向顺次编号,点的顺序号为单数表示该点在里程增加方向的左侧,点的顺序号为双数表示该点在里程增加方向的右侧。

6)CPⅢ控制网基本网形

(1)平面控制网基本网形

①一般情况

一般情况下,按 120 m 左右的测站间距设站观测,自由测站到 CPⅢ点的最远观测距离不应大于 180 m,每个 CPⅢ控制点应有三个方向交会,如图 2.3.2 所示。

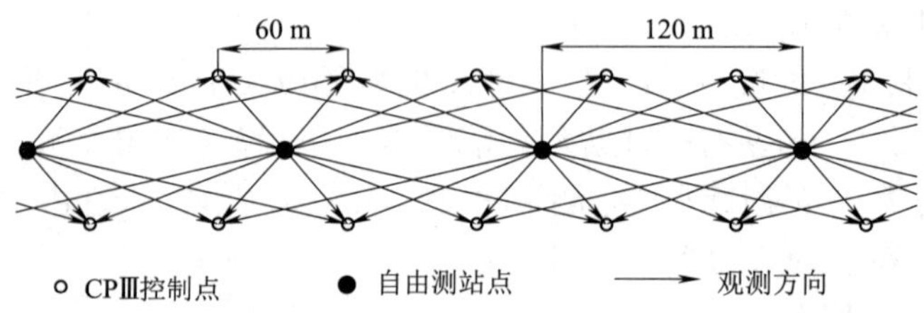

图 2.3.2 测站间距为 120 m 的 CPⅢ平面网观测网形示意图

②特殊情况

在曲线段、观测条件较差或遇施工干扰时,可按 60 m 左右的测站间距设站观测,每个 CPⅢ控制点应有四个方向交会。当遇到大跨度连续梁时,相邻 CPⅢ控制点间距会出现接近80 m的情况,也可采用图 2.3.3 所示网形。

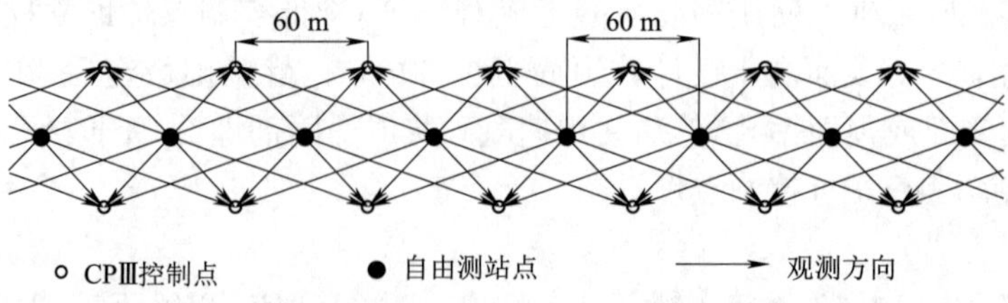

图 2.3.3 测站间距为 60 m 的平面网观测网形示意图

③区段间搭接测量

CPⅢ平面网可根据施工需要分段测量,分段测量的区段长度不宜小于 4 km,区段间重复观测不少于 6 对 CPⅢ点,区段接头不能设置在车站范围内,区段搭接测量的基本网形如图 2.3.4所示。

区段搭接测量时,应共同搭接测量一个 CPⅡ控制点,区段搭接处的 CPⅡ控制点宜位于搭接区段的中间,且与前后区段自由测站点通视良好,有条件时,可搭接测量区段交界处的 2 个 CPⅡ控制点。

(2)高程控制网基本网形

CPⅢ高程控制网一般由相邻的四个点组成环形水准路线，起闭于线路水准点，水准路线的附合长度不大于 3 km，如图 2.3.5 所示。

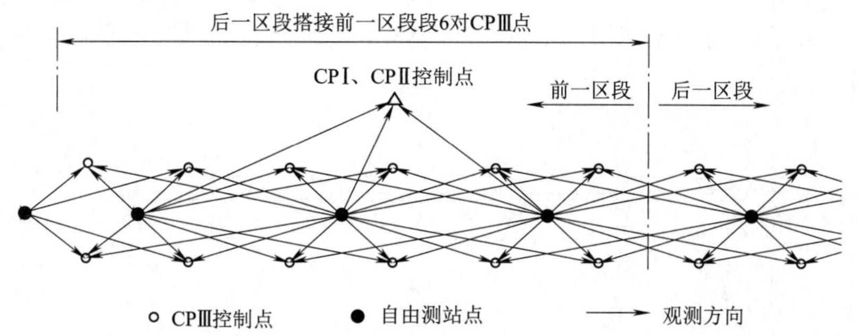

图 2.3.4　区段搭接构网示意图

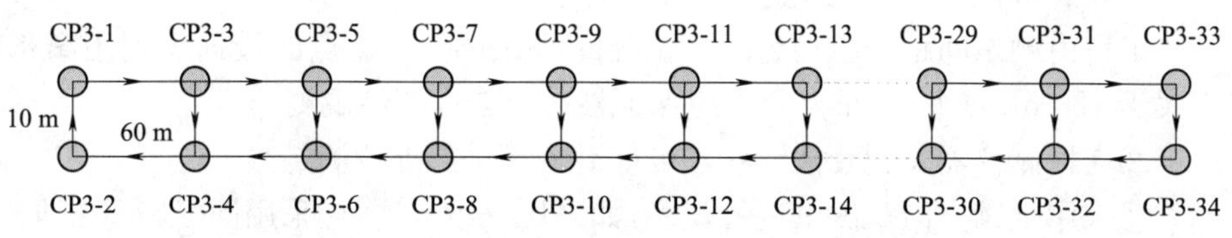

图 2.3.5　CPⅢ点之间的水准路线示意图

7)CPⅢ平面控制网外业观测

(1)检测棱镜误差

选一平坦的开阔场地，按图 2.3.6 安置全站仪和棱镜，逐一对 CPⅢ测量使用的棱镜组件的重复性、互换性进行检测，精度要求见表 2.3.1。

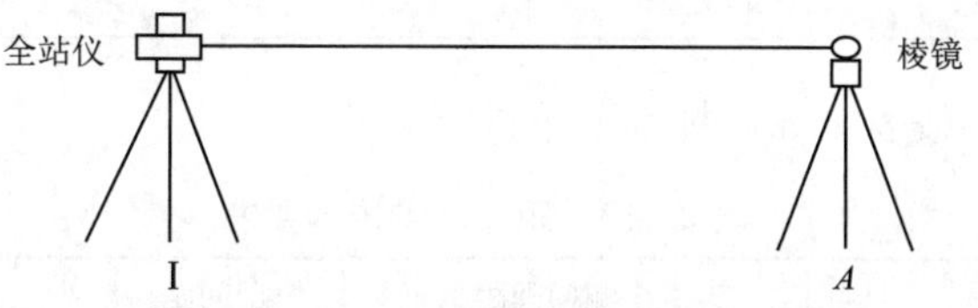

图 2.3.6　棱镜误差检测示意图

表 2.3.1　棱镜组件安装精度要求

CPⅢ标志	重复性安装误差(mm)	互换性安装误差(mm)
X	0.4	0.4
Y	0.4	0.4
H	0.2	0.2

(2)检测全站仪综合加常数

测距综合加常数误差是指全站仪测距时棱镜加常数误差与全站仪测距加常数误差叠加后形成的综合残余误差。在一平坦场地标定Ⅰ、A、Ⅱ、B 四点，四点位于一条直线，如图 2.3.7 所示，每次测量时确保全站仪和 A、B 点安放棱

笔记栏

镜后大致等高，先将全站仪安置在Ⅰ点，在 A 点安放棱镜测量 S_1，将棱镜移至 B 点测量 S_2，依次测量完 14 个球棱镜，然后将全站仪安置在Ⅱ点，依次测量 14 个球棱镜对应的 S_3、S_4，每边测量 4 次，读数取平均值，然后根据公式 $K=\frac{(S_2-S_1)-(S_3+S_4)}{2}\times 1\,000$，可计算全站仪对各棱镜的常数修正值 K（单位为 mm），然后取一组 CPⅢ测量棱镜与全站仪综合加常数误差平均值对测距边进行修正。

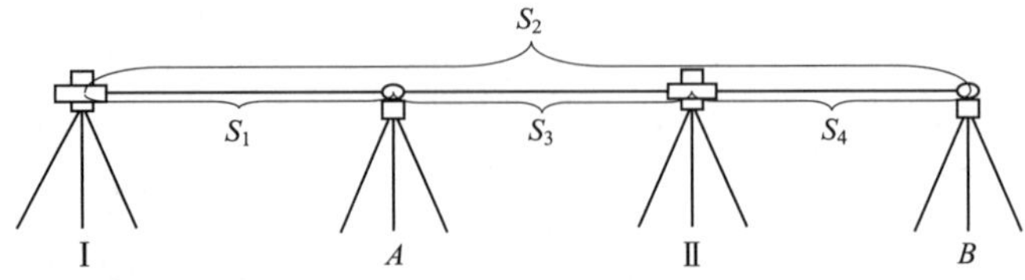

图 2.3.7　全站仪综合加常数检测示意图

(3)CPⅢ平面控制网外业观测技术要求

①自由测站间距一般约为 120 m，自由测站到 CPⅢ点的最远观测距离不应大于 180 m；每个 CPⅢ点至少应保证被三个自由测站观测。

②应检测仪器及配套棱镜状态良好后方可进行外业测量。

③采用全圆方向观测法进行观测，如采用分组观测，应采用同一归零方向，并重复观测一个方向，技术要求见表 2.3.2。

表 2.3.2　水平方向观测技术要求

控制网名称	仪器等级	测回数	半测回归零差	不同测回同一方向 2C 互差	同一方向归零后方向值较差	方向观测中误差
CPⅢ平面网	0.5″	2	6″	9″	6	1.8″
	1.0″	3	6″	9″	6″	

④距离观测按表 2.3.3 技术要求进行观测。

表 2.3.3　距离观测技术要求

控制网名称	测回	半测回间距离较差	测回间距离较差	距离观测中误差
CPⅢ平面网	≥2	±1 mm	±1 mm	±1 mm

注：距离测量一测回是全站仪盘左、盘右各测量一次的过程。

⑤测量时应对竖直角进行观测，技术要求见表 2.3.4。

表 2.3.4　竖直角观测技术要求

竖直角				往返观测高程较差(mm)	边长范围(m)
测回数(中丝法)	最大角值(°)	测回间较差(″)	指标差互差(″)		
2	20	10	10	$60\sqrt{D}$	200～600

注：D 为光电测距边长度(km)。

⑥外业观测应有辅助记录表格。使用全站仪电子记录观测数据时，用铅笔

填写全站仪电子记录观测辅助记录。

(4)观测步骤

①将 CPⅢ棱镜组件安置在 CPⅢ预埋件上，架设全站仪，设置参数，如全站仪综合加常数、测量单位、数据取位、棱镜类型及温度、气压等。

②限差设置。限差设置分别有“归零差”、“测回间 2 C 互差”、“测回内垂直角指标差”、“测回间垂直角限差”和“测距互差”。

③观测点学习。学习测站点号及观测点号输入，仪器高及目标高的测定及输入，测回数设置。

④由数据采集软件控制智能型全站仪完成所有观测目标的观测。

⑤查看观测数据是否合格。测量误差显示，查看观测值。

⑥重测或迁站进行下一站测量。

⑦数据输出。

8)CPⅢ高程控制网外业观测

(1)水准测量技术要求

CPⅢ高程控制网采用精密水准测量的精度进行施测，主要精度和技术要求见表 2.3.5～表 2.3.7。

笔记栏

11.CPⅢ控制网外业观测实例

表 2.3.5　精密水准测量精度要求(mm)

每千米水准测量偶然中误差 M_Δ	每千米水准测量全中误差 M_W	限　差			
		检测已测段高差之差	往返测不符值	附合路线或环线闭合差	左右路线高差不符值
≤2.0	≤4.0	$12\sqrt{R_i}$	$8\sqrt{K}$	$8\sqrt{L}$	$4\sqrt{K}$

注：K 为测段水准路线长度(km)；L 附合或环线的水准路线长度(km)；R_i 为检测测段长度(km)；n 为测段水准测量站数；结点之间或结点与高级点之间，其路线的长度不应大于表中规定的 0.7倍。

表 2.3.6　精密水准测量的主要技术标准

附合路线长度(km)	水准仪最低型号	水准尺	观测次数	
			与已知点联测	环线
≤3	DS_1	铟瓦	往返	单程

表 2.3.7　精密水准测量测站的主要技术标准

前后视距差(m)	视线高度(m)	两次读数之差(mm)	两次读数所测高差之差(mm)
≤±2	≥0.3	≤±0.5	≤±0.7

(2)水准测量观测步骤

①将水准测量连接杆安装在 CPⅢ预埋件上。

②架设电子水准仪，设置仪器参数及限差指标，如观测模式、水准路线名称、测点点号及前后视距差、前后视距累积差、两次高差之差的限差等。

③按如下顺序对水准标尺进行观测：奇数测站照准标尺分划顺序为后—前—前—后，偶数测站照准标尺分划顺序为前—后—后—前。

笔记栏

(3)三角高程上桥测量

当桥面与地面间高差大于3 m,地面水准点高程无法直接传递到桥面CPⅢ点时,应在桥面与地面间高差较小的地方采用不量仪器高和棱镜高的中间设站三角高程测量法进行CPⅢ点高程上桥测量。如图2.3.8所示,B点为桥下引测的二等水准点,F为桥面水准点,固定棱镜高度为v。先观测仪器中心至后视棱镜中心之间的高差Δh_1,保持棱镜杆高度不变,将棱镜杆移至前视观测仪器中心至前视棱镜中心之间的高差Δh_2,进而有$\Delta H_{BF}=v-\Delta h_1+\Delta h_2-v=\Delta h_2-\Delta h_1$。可以看出,将全站仪架设在测点之间并固定前后视棱镜高度不变,无须丈量仪器高和棱镜高即可测得测点之间的高差,消除了仪器高和棱镜高的丈量误差。三角高程上桥测量技术要求见表2.3.8。

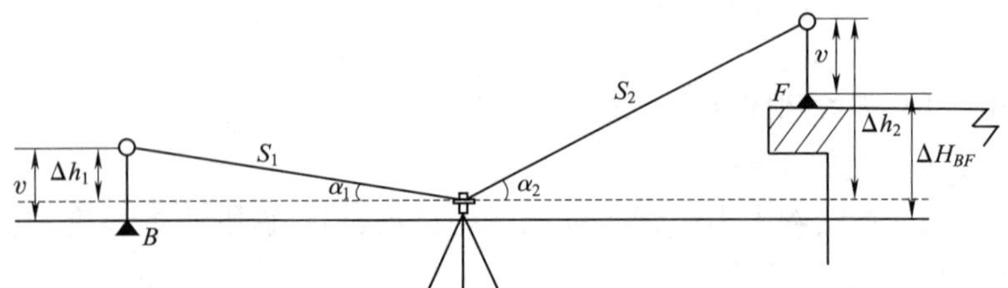

图2.3.8 不量仪器高、棱镜高三角高程上桥测量示意图

表2.3.8 不量仪器高和棱镜高的三角高程测量技术要求

垂直角测量			距离测量		
测回数	测回间指标差较差(″)	测回间竖直角较差(″)	测回数	测回内较差(mm)	测回间较差(mm)
4	≤±5.0	≤±5.0	4	2.0	2.0

三角高程上桥测量高程传递采用测角精度不小于1″、测距精度不小于1 mm+2× D ×10^{-6}的全站仪观测,前后视距一般不小于100 m,最大不超过150 m,前后视距差不小于5 m,竖直角不小于28°,并应测量温度、气压值,对边长进行改正,三角高程上桥测量应变换仪器高度进行两组独立观测,两次测量高差互差不小于2 mm,取合格的两组高差平均值作为传递高差。

高程传递上桥后(三角高程)需注意与相连段的水准基点构建附合水准路线,并检查闭合差等相关技术指标,以保证三角高程上桥存在检校过程。

9)CPⅢ控制网数据处理

采用通过中国国家铁路集团有限公司主管部门评审通过的数据处理软件进行CPⅢ控制网观测数据的平差计算,数据处理软件应具有直接导入观测数据并对数据进行质量检核、粗差探测、平差计算、精度评定、成果输出等功能,能够实现从外业数据采集到内业平差计算一体化的作业模式,尽量减少人工干预,消除人为因素产生的错误,提高测量工作效率。具体技术指标要求如下:

①数据取位要求

CPⅢ平面控制网数据处理时,数据取位应遵循表2.3.9要求。

笔记栏

表 2.3.9　CPⅢ平面控制网数据取位要求

控制网名称	水平方向观测值(″)	水平距离观测值(″)	方向改正数(″)	距离改正数(mm)	点位中误差(mm)	点位坐标(mm)
CPⅢ平面网	0.1	0.1	0.01	0.01	0.01	0.1

CPⅢ高程控制网数据处理时，数据取位应遵循表 2.3.10 的要求。

表 2.3.10　CPⅢ高程控制网数据取位要求

控制网名称	往(返)测距离总和(km)	往(返)测距离中数(km)	各测站高差(mm)	往(返)测高差总和(km)	往(返)测高差中数(km)	高程(mm)
CPⅢ高程网	0.01	0.1	0.01	0.01	0.01	0.1

②CPⅢ平面控制网平差后主要精度指标

CPⅢ平面控制网自由网平差后方向改正数和距离改正数应满足表 2.3.11 规定。

表 2.3.11　CPⅢ平面自由网平差后的主要技术要求

控制网名称	方向改正数	距离改正数
CPⅢ平面网	3″	2 mm

平面控制网约束平差后，各改正数应符合表 2.3.12 的要求。

表 2.3.12　CPⅢ平面网约束平差后的精度指标

控制网名称	与 CPⅠ、CPⅡ联测		与 CPⅢ联测		点位中误差(mm)
	方向改正数	距离改正数(mm)	方向改正数	距离改正数(mm)	
CPⅢ平面网	4.0″	4	3.0″	2	2

自由网和约束网平差后，相邻点的点位中误差应小于 1.0 mm。

③CPⅢ高程控制网平差后主要精度指标

相邻 CPⅢ点的水准闭合环差应小于 1 mm，相邻 CPⅢ点高差中误差不大于±0.5 mm。

④区段衔接平差技术要求

区段衔接时，前后区段独立平差重叠点坐标及高程差值应不小于 3 mm，满足该条件后，后一区段 CPⅢ平面控制网平差，应采用本区段联测的 CPⅠ、CPⅡ控制点及重叠段前一区段连续的 1～3 对 CPⅢ点作为约束点进行平差计算，后一区段 CPⅢ高程控制网平差，应采用本区段联测的线路水准基点及重叠段前一区段连续 1～2 对 CPⅢ点高程成果进行约束平差。

10)资料整理归档

CPⅢ控制网数据处理完成后应提交以下成果资料：

(1)CPⅢ控制网测量技术设计书；

(2)外业观测数据文件及记录簿；

(3)测量仪器检定证书文件；

12.CPⅢ水准测量记录及平差计算讲解

笔记栏

(4)测量平差报告；

(5)CPⅢ平面、高程控制网示意图；

(6)CPⅢ控制点成果表；

(7)技术总结报告。

11)CPⅢ控制网的复测与维护

CPⅢ控制网施测完毕至轨道板精调期间，由于各种自然因素或人为因素，可能引起CPⅢ控制点轻微的变形，因此，在轨道精调作业之前还应对CPⅢ控制网进行复测，复测的技术要求和作业方法均按建网测量时的技术要求施测。

CPⅢ点复测坐标与原测坐标 X、Y 的较差应不大于±3 mm，且相邻CPⅢ点的复测坐标与原测坐标的增量较差应不大于±2 mm，CPⅢ点复测高程与原测高程的较差应不大于±3mm，且复测高差与原测高差的较差应不大于±2 mm，根据建设单位和评估单位意见采用原测坐标或复测成果进行施工。较差超限时，应及时分析判断超限原因，确认复测成果无误后，应对超限CPⅢ点采用同精度内插的方式进行更新维护。

【思考与练习】

一、问答题

1. 简述CPⅢ高程控制测量的主要步骤。

2. 二等水准测量的观测顺序是什么？

模块3 CRTSⅠ型双块式无砟轨道精调技术

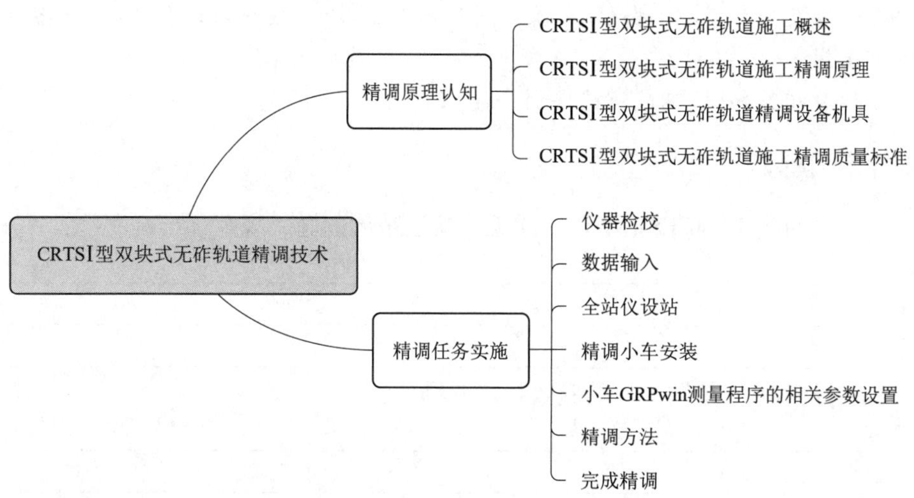

笔记栏

【学习目标】

知识目标：

1. 掌握CRTSⅠ型双块式无砟轨道精调的原理；
2. 认识CRTSⅠ型双块式无砟轨道精调的仪器设备；
3. 掌握CRTSⅠ型双块式无砟轨道精调的仪器设备的使用方法。
4. 掌握全站仪的设站及定位方法。

能力目标：

1. 掌握CRTSⅠ型双块式无砟轨道精调的施工流程；
2. 理解CRTSⅠ型双块式无砟轨道精调原理；
3. 认识CRTSⅠ型双块式无砟轨道精调的设备；
4. 完成CRTSⅠ型双块式轨道精调任务；
5. 能够对测量数据进行简单判断和处理；
6. 能够完成试验段精调任务；
7. 能够熟练操作轨检小车进行轨道精调任务。

思政目标：

1. 利用两种精调方法的比较训练学生辩证思维能力；
2. 认识精调设备，激发学生的自主创新思维；
3. 通过精调原理学习，培养学生精益求精的工作态度；
4. 善于与人沟通和交流，具有团队协作意识，善于总结经验。

笔记栏

任务1 精调原理认知

【任务描述】

郑万高速铁路河南段××标项目部进行CRTSⅠ型双块式无砟轨道轨排精调作业。施工前技术人员应对施工图纸及相关的通用图纸和规范进行认真阅读，熟悉掌握轨排精调作业的设计要求和验收标准，制定施工作业技术交底、安全保障及应急措施，对施工作业人员进行岗前技术、安全培训和考核，合格后方可上岗。

学习相关知识，完成岗前培训任务。

【引导问题】

引导问题1：CRTSⅠ型双块式无砟轨道精调的施工规范标准有哪些？

引导问题2：精调工作的验收规范有哪些？

【任务分组】

学生任务分配表见表3-1-1。

表3-1-1 学生任务分配表

<table>
<tr><td>班级</td><td></td><td>组号</td><td></td><td>指导老师</td><td></td></tr>
<tr><td>组长</td><td></td><td>学号</td><td></td><td></td><td></td></tr>
<tr><td>组员</td><td colspan="5"><table><tr><td>姓名</td><td>学号</td><td>姓名</td><td>学号</td></tr><tr><td></td><td></td><td></td><td></td></tr><tr><td></td><td></td><td></td><td></td></tr><tr><td></td><td></td><td></td><td></td></tr></table></td></tr>
<tr><td colspan="6">任务分工</td></tr>
</table>

笔记栏

【任务实施】

1. 写出安伯格(Amberg)GRP 1000S 轨道检测小车各组成部分及其精度要求。

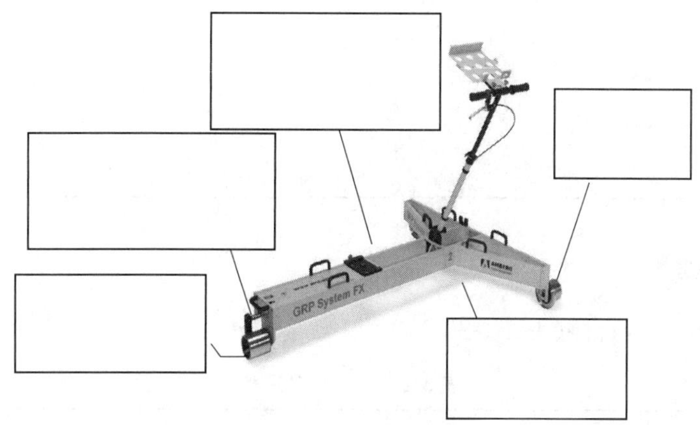

2. 判断下列施工现场是CRTSⅠ型双块式无砟轨道施工精调的哪种方法并填写。

(　　　　　　)

(　　　　　　)

笔记栏

3. 绘制 CRTSⅠ型双块式无砟轨道施工精调的流程图。

【评价反馈】

1. 学生进行自评(表 3-1-2)

表 3-1-2　学生自评表

评价项目	评价标准	分值	得分
轨检小车	能正确认识轨道检测小车的组成部分	20	
精调方法	能准确掌握两种轨道精调方法	10	
绘制流程图	流程图步骤正确,顺序合理	30	
工作态度	态度端正,无迟到早退现象	10	
工作质量	能按计划完成工作任务	10	
协调能力	与小组成员、同学之间能合作交流,协调工作	10	
创新意识	了解学习 CRTSⅠ型双块式无砟轨道精调新设备、新技术	10	
合　计		100	

2. 学生以小组为单位,对上述工作过程与结果进行互评(表 3-1-3)

表 3-1-3　学生互评表

评价项目	分值	等级								评价对象(组别)					
										1	2	3	4	5	6
计划合理	10	优	10	良	8	中	6	差	4						
方案准确	10	优	10	良	8	中	6	差	4						
团队合作	10	优	10	良	8	中	6	差	4						
组织有序	10	优	10	良	8	中	6	差	4						
工作质量	10	优	10	良	8	中	6	差	4						
工作效率	10	优	10	良	8	中	6	差	4						
工作完整	20	优	20	良	16	中	12	差	8						
工作规范	20	优	20	良	16	中	12	差	8						
合　计	100														

3. 教师对学生工作过程和结果进行评价(表 3-1-4)

表 3-1-4　教师综合评价表

<table>
<tr><td colspan="3">班级：</td><td colspan="2">姓名：</td><td>学号：</td></tr>
<tr><td colspan="2">任务 1</td><td colspan="4">CRTSⅠ型双块式无砟轨道精调原理认知</td></tr>
<tr><td colspan="2">评价项目</td><td colspan="2">评价标准</td><td>分值</td><td>得分</td></tr>
<tr><td colspan="2">考勤(10%)</td><td colspan="2">无迟到、早退、旷课现象</td><td>10</td><td></td></tr>
<tr><td rowspan="5">工作过程(60%)</td><td>轨检小车</td><td colspan="2">能正确认识轨道检测小车的组成部分</td><td>10</td><td></td></tr>
<tr><td>精调方法</td><td colspan="2">能准确掌握两种轨道精调方法</td><td>10</td><td></td></tr>
<tr><td>绘制流程图</td><td colspan="2">流程图步骤正确，顺序合理</td><td>20</td><td></td></tr>
<tr><td>工作态度</td><td colspan="2">态度端正，无迟到早退现象</td><td>10</td><td></td></tr>
<tr><td>协调能力</td><td colspan="2">与小组成员、同学之间能合作交流，协调工作</td><td>10</td><td></td></tr>
<tr><td rowspan="3">项目成果(30%)</td><td>工作完整</td><td colspan="2">能按时完成任务</td><td>10</td><td></td></tr>
<tr><td>工作规范</td><td colspan="2">能按规范步骤进行操作</td><td>10</td><td></td></tr>
<tr><td>工作报告</td><td colspan="2">能准确掌握轨道精调原理</td><td>10</td><td></td></tr>
<tr><td colspan="4">合　计</td><td>100</td><td></td></tr>
<tr><td rowspan="2">综合评价</td><td>自评(20%)</td><td>小组评价(30%)</td><td>教师评价(50%)</td><td colspan="2">综合得分</td></tr>
<tr><td></td><td></td><td></td><td colspan="2"></td></tr>
</table>

笔记栏

13.CRTSⅠ型双块式精调原理

14.CRTSⅡ型双块式精调原理

【相关知识】

1. CRTSⅠ型双块式无砟轨道施工概述

CRTSⅠ型双块式无砟轨道施工精调工作主要包括工具轨法和轨排框架法两种方法。

1)CRTSⅠ型双块式施工过程(图 3.1.1)

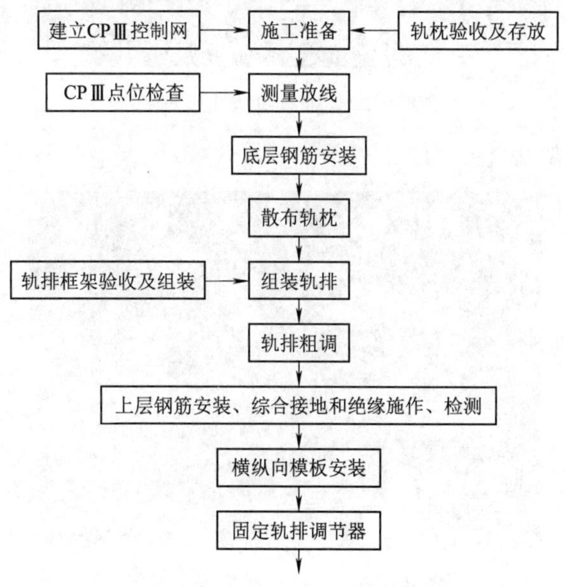

图 3.1.1　CRTSⅠ型双块式无砟轨道施工流程图

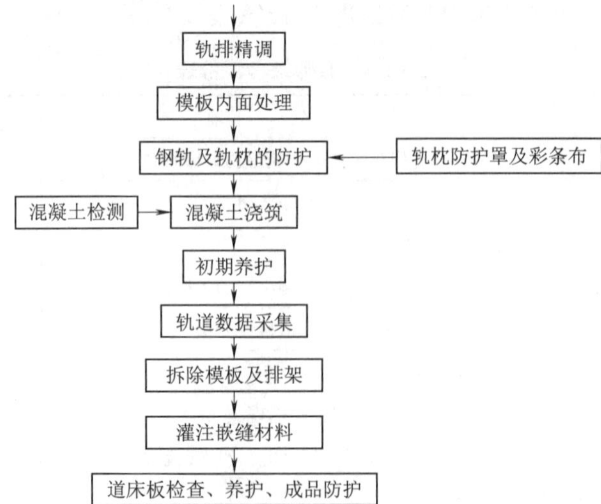

图 3.1.1 CRTSⅠ型双块式无砟轨道施工流程图(续)

2)施工方法

(1)工具轨法(图 3.1.2)

图 3.1.2 工具轨法施工现场

(2)轨排框架法(图 3.1.3)

图 3.1.3 轨排框架法施工现场

笔记栏

2. CRTSⅠ型双块式无砟轨道施工精调原理

用高精度全站仪实测出轨检小车上棱镜中心的三维坐标，结合事先严格标定的轨检小车的几何参数、小车的定向参数、水平传感器所测横向倾角及实测轨距，即可换算出对应里程处的中线位置和低轨的轨面高程。进而与该里程处的设计中线坐标和设计轨面高程进行比较，得到实测的线路绝对位置与理论设计之间的差值，并使用配套工具设备对轨道的绝对位置进行调整，使之符合控制标准。

3. CRTSⅠ型双块式无砟轨道精调设备机具

1)轨道检测小车(GRP 1000 测量系统)

安伯格(Amberg)GRP 1000S 轨道检测小车(图 3.1.4)是一种检测静态轨道不平顺的便捷工具。它采用电测传感器、专用便携式计算机等先进检测和数据处理设备，可检测高低、水平、扭曲、轨向等轨道不平顺参数。国内外铁路在动静态不平顺差异较小的高平顺线路、无砟轨道线路以及在新线施工中，整道、检查铺设精度、验收作业质量时，都广泛应用轨道检测小车。

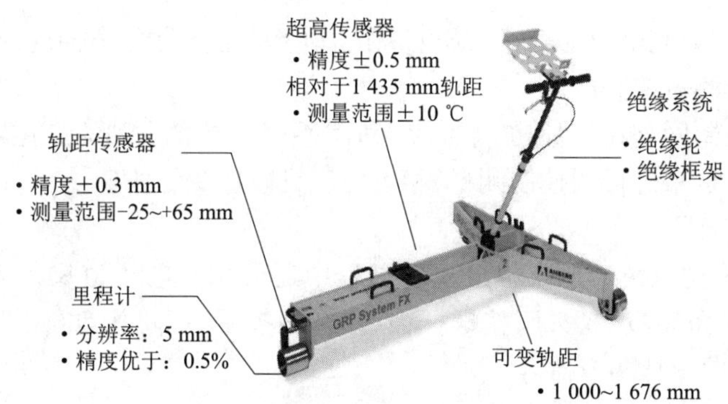

图 3.1.4　安伯格(Amberg)GRP 1000S 轨道检测小车

15.安伯格轨检小车安装

轨道检测小车采用双轮滚动形式，可以在轨道上推动行走，方便采集数据，同时其性能指标(表 3.1.1)也能充分满足轨道平顺性的要求。

表 3.1.1　轨道检测小车性能指标

序号	项　目		测量范围	示值误差	备　注
1	高低		±50 mm	±1.0 mm	10 m 弦
2	轨向		±100 mm	±1.0 mm	10 m 弦
3	正矢		±400 mm	±1.0 mm	20 m 弦
4	轨距	零位正确性	1 410～1 470 mm	±0.15 mm	应对使用环境温度的影响实时进行自动修正
		示值误差		±0.30 mm	
		测量重复性		0.20 mm	3 次测量结果的极差
5	水平(超高)	零位正确性	±200 mm	±0.15 mm	
		示值误差		±0.30 mm	
		掉头误差		0.30 mm	
		测量重复性		0.20 mm	3 次测量结果的极差

笔记栏

续上表

序号	项　　目	测量范围	示值误差	备　　注
6	扭曲(三角坑)	±30 mm	±1.0 mm	6.25 m基长
7	里程	0～9 999 km	±2‰	里程累计误差
8	横向偏差	目标距离10～60 m时	±1.0 mm	不考虑CPⅢ控制点的起算误差
9	高程偏差		±1.0 mm	

2)全站仪

全站仪实现平面位置和高程的绝对定位测量，同时通过全站仪的自动目标照准功能、跟踪功能以及与GRP 1000之间持续无线电通信来完成轨检小车的绝对定位。

3)轨道排架或工具轨

轨道排架是集工具轨、轨枕、模板、调整系统为一体，具备轨枕安装定位、轨道粗调、安装模板、轨道精调等功能，可有效地简化作业程序，是无砟轨道施工中的基础设备。

工具轨主要利用钢轨实现精调设备在轨道上的走行功能，方便进行测量工作。

4)CPⅢ测量控制网

CPⅢ控制网是在线路勘测阶段，利用逐层布控的原则，在道路两侧设置CPⅢ控制基桩来进行的控制测量，相关内容见模块2任务3。

5)其他工具

CRTSⅠ型双块式无砟轨道精调过程中还会用到电子道尺、螺杆调节器、斜拉杆、轨排鱼尾板、双头调整螺杆、六角螺帽扳手、钢轨托盘(图3.1.5)——用于固定竖向螺杆调节器等。

图3.1.5　安装钢轨托盘

4. CRTSⅠ型双块式无砟轨道施工精调质量标准

CRTSⅠ型双块式无砟轨道施工精调调整后轨排几何形位允许偏差应符合表3.1.2。

表3.1.2　精调控制标准表

序号	检查项目	允许偏差	备注	检验方法
1	轨距	±1 mm	相对于标准轨距1 435 mm	全站仪、轨检小车
		1/1 500	变化率	

笔记栏

续上表

序号	检查项目	允许偏差	备注	检验方法
2	轨向	2 mm	弦长 10 m	全站仪、轨检小车
		2 mm/测点间距 $8a$(m)	基线长 $48a$ m	
3	高低	2 mm	弦长 10 m	
4	高低	2 mm/测点间距 $8a$(m)	基线长 $48a$ m	全站仪、轨检小车
5	水平	2 mm	不包含曲线、缓和曲线上的超高值	
6	扭曲（基线长 3 m）	2 mm	包含曲线和缓和曲线上由于超高顺坡所造成的扭曲量	
7	轨面高程	一般情况	±2 mm	
		紧靠站台	+2 mm，0 mm	
8	轨道中线	2 mm		
9	线间距	+5 mm，0 mm		

【思考与练习】

一、填空题

1. CRTSⅠ型双块式无砟轨道施工精调工作主要包括两种方法，即________和________。

2. CRTSⅠ型双块式无砟轨道精调过程中还会用到________、________、________、________、________、________、________等工具。

二、问答题

1. 简述 CRTSⅠ型双块式无砟轨道精调的原理。

任务 2 精调任务实施

【任务描述】

郑万高速铁路河南段××标项目部进行 CRTSⅠ型双块式无砟轨道轨排精调作业。施工作业中所涉及的各种外部技术数据收集齐全，完成 CPⅠ、CPⅡ及水准基点的复测，CPⅡ点桥上加密，CPⅢ建网，测设及评估工作，桥梁沉降稳定，完成沉降评估。轨排精调采用轨道几何状态测量仪配合全站仪和螺杆调节器进行。

学习相关知识，完成试验段轨道轨排精调作业任务。

【引导问题】

引导问题 1：CRTSⅠ型双块式无砟轨道精调是在施工的哪一个阶段进行？

____

____

____

笔记栏

引导问题 2:CRTSⅠ型双块式无砟轨道精调所需要的设备和仪器有哪些?

【任务分组】

学生任务分配表见表 3-2-1。

表 3-2-1 学生任务分配表

<table>
<tr><td>班级</td><td></td><td>组号</td><td></td><td>指导老师</td><td></td></tr>
<tr><td>组长</td><td></td><td>学号</td><td></td><td></td><td></td></tr>
<tr><td>组员</td><td colspan="5">
<table>
<tr><td>姓名</td><td>学号</td><td>姓名</td><td>学号</td></tr>
<tr><td></td><td></td><td></td><td></td></tr>
<tr><td></td><td></td><td></td><td></td></tr>
<tr><td></td><td></td><td></td><td></td></tr>
</table>
</td></tr>
<tr><td colspan="6">任务分工</td></tr>
</table>

【任务实施】

1. CRTSⅠ型双块式无砟轨道精调工具及材料准备

提示:作业前清点作业工具及材料,确认工具及材料是否齐全,是否完好,性能是否可靠。

工具及材料名称	数量	作业前检查结果

2. 全站仪设站步骤

序号	描述步骤的主要内容

3. 轨检小车操作步骤

笔记栏

序号	描述步骤的主要内容

4. 成果检验

提示:列出所查阅规范,通过调整后轨道精度是否符合要求。

【评价反馈】

1. 学生进行自评(表3-2-2)

表3-2-2　学生自评表

评价项目	评价标准	分值	得分
全站仪操作	能正确使用全站仪进行设站	20	
轨检小车操作	能正确操作轨检小车进行轨道精调	30	
成果检验	能够正确查阅规范,并检查轨道精调数据是否准确	10	
工作态度	态度端正,无迟到早退现象	10	
工作质量	能按计划完成工作任务	10	
协调能力	与小组成员、同学之间能合作交流,协调工作	10	
创新意识	通过学习能更好地掌握CRTSⅠ型双块式无砟轨道精调相关知识与要点	10	
合　计		100	

笔记栏

2. 学生以小组为单位，对上述工作过程与结果进行互评(表 3-2-3)

表 3-2-3 学生互评表

<table>
<tr><td rowspan="2">评价项目</td><td rowspan="2">分值</td><td colspan="8" rowspan="2">等级</td><td colspan="6">评价对象(组别)</td></tr>
<tr><td>1</td><td>2</td><td>3</td><td>4</td><td>5</td><td>6</td></tr>
<tr><td>计划合理</td><td>10</td><td>优</td><td>10</td><td>良</td><td>8</td><td>中</td><td>6</td><td>差</td><td>4</td><td></td><td></td><td></td><td></td><td></td><td></td></tr>
<tr><td>方案准确</td><td>10</td><td>优</td><td>10</td><td>良</td><td>8</td><td>中</td><td>6</td><td>差</td><td>4</td><td></td><td></td><td></td><td></td><td></td><td></td></tr>
<tr><td>团队合作</td><td>10</td><td>优</td><td>10</td><td>良</td><td>8</td><td>中</td><td>6</td><td>差</td><td>4</td><td></td><td></td><td></td><td></td><td></td><td></td></tr>
<tr><td>组织有序</td><td>10</td><td>优</td><td>10</td><td>良</td><td>8</td><td>中</td><td>6</td><td>差</td><td>4</td><td></td><td></td><td></td><td></td><td></td><td></td></tr>
<tr><td>工作质量</td><td>10</td><td>优</td><td>10</td><td>良</td><td>8</td><td>中</td><td>6</td><td>差</td><td>4</td><td></td><td></td><td></td><td></td><td></td><td></td></tr>
<tr><td>工作效率</td><td>10</td><td>优</td><td>10</td><td>良</td><td>8</td><td>中</td><td>6</td><td>差</td><td>4</td><td></td><td></td><td></td><td></td><td></td><td></td></tr>
<tr><td>工作完整</td><td>20</td><td>优</td><td>20</td><td>良</td><td>16</td><td>中</td><td>12</td><td>差</td><td>8</td><td></td><td></td><td></td><td></td><td></td><td></td></tr>
<tr><td>工作规范</td><td>20</td><td>优</td><td>20</td><td>良</td><td>16</td><td>中</td><td>12</td><td>差</td><td>8</td><td></td><td></td><td></td><td></td><td></td><td></td></tr>
<tr><td>合　计</td><td>100</td><td colspan="8"></td><td></td><td></td><td></td><td></td><td></td><td></td></tr>
</table>

3. 教师对学生工作过程和结果进行评价(表 3-2-4)

表 3-2-4 教师综合评价表

<table>
<tr><td colspan="2">班级：</td><td colspan="2">姓名：</td><td colspan="2">学号：</td></tr>
<tr><td colspan="2">任务 2</td><td colspan="4">CRTSⅠ型双块式无砟轨道精调任务实施</td></tr>
<tr><td colspan="2">评价项目</td><td colspan="2">评价标准</td><td>分值</td><td>得分</td></tr>
<tr><td colspan="2">考勤(10%)</td><td colspan="2">无迟到、早退、旷课现象</td><td>10</td><td></td></tr>
<tr><td rowspan="5">工作过程(60%)</td><td>全站仪操作</td><td colspan="2">能正确使用全站仪进行设站</td><td>20</td><td></td></tr>
<tr><td>轨检小车操作</td><td colspan="2">能正确操作轨检小车进行轨道精调</td><td>30</td><td></td></tr>
<tr><td>成果检验</td><td colspan="2">能够正确查阅规范，并检查轨道精调数据是否准确</td><td>10</td><td></td></tr>
<tr><td>工作态度</td><td colspan="2">态度端正，无迟到早退现象</td><td>10</td><td></td></tr>
<tr><td>协调能力</td><td colspan="2">与小组成员、同学之间能合作交流，协调工作</td><td>10</td><td></td></tr>
<tr><td rowspan="3">项目成果(30%)</td><td>工作完整</td><td colspan="2">能按时完成任务</td><td>10</td><td></td></tr>
<tr><td>工作规范</td><td colspan="2">能按规范步骤进行操作</td><td>10</td><td></td></tr>
<tr><td>工作报告</td><td colspan="2">能准确进行 CRTSⅠ型双块式无砟轨道精调实施，完成成果检验</td><td>10</td><td></td></tr>
<tr><td colspan="4">合　计</td><td>100</td><td></td></tr>
<tr><td rowspan="2">综合评价</td><td>自评(20%)</td><td>小组评价(30%)</td><td>教师评价(50%)</td><td colspan="2">综合得分</td></tr>
<tr><td></td><td></td><td></td><td colspan="2"></td></tr>
</table>

【相关知识】

1. 仪器检校

全站仪首次使用前，或在精调测量中出现较大偏差时，应正倒镜检查全站仪的竖直角和水平角的偏差，如果超过 3 s，则在气象条件较好的条件下对全站仪进行组合校准和水平轴倾角误差校准，检查全站仪 ATR 工作状态是否良好。每天精调测量开始时，或环境温度急剧变化后，应对精调小车的倾角传感器进行校核，校核后正反两次测量的超高偏差应在 0.3 mm 以内。

笔记栏

2. 数据输入

在轨检小车计算机中输入并核对设计数据(平、竖曲线，超高)，在全站仪内输入控制点坐标，坐标换带和长短链处应分别输入。输入过程中应重点注意正负号所代表的意义以及东北坐标输入无误。确保数据的有效性和操作的准确性。

3. 全站仪设站

1)基本要求

全站仪采用后方交会法自由设站，具体设站示意如图 3.2.1 所示。

16.全站仪设站

全站仪观测的 CPⅢ控制点不应少于 4 对，全站仪宜设在线路中线附近，位于所观测的 CPⅢ控制点的中间。更换测站后，相邻测站重叠观测的 CPⅢ控制点不应少于 2 对。每测站最大测量距离不应大于 80 m。自由设站点精度应符合表 3.2.1 的要求。

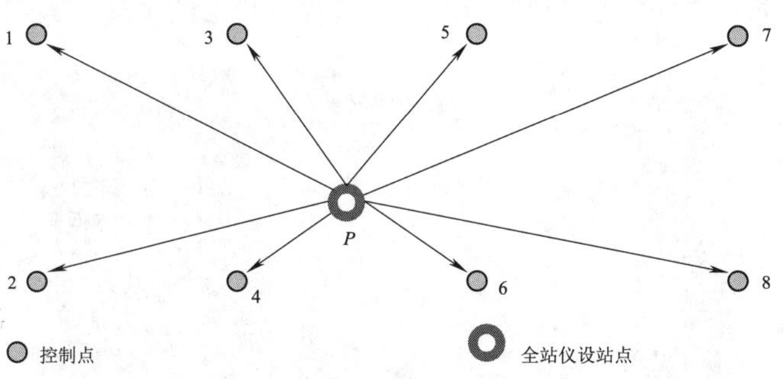

图 3.2.1　全站仪设站示意图

17.棱镜安装方法

表 3.2.1　自由设站点精度表

项目	X	Y	H	方向
中误差	≤0.7 mm	≤0.7 mm	≤0.7 mm	≤2″

注：连续桥、特殊孔跨桥自由设站点精度可放宽至 1.0 mm。

使用 8 个 CPⅢ控制点进行自由设站，设站精度不满足要求时，可纳入精调前进方向远方的一对 CPⅢ控制点重新进行计算，站点前后必须有一个 60 m 以上的控制点参与设站。全站仪设站位置应选在待调轨道线路中线，且与最近处 CPⅢ点距离不宜小于 15 m。

完成自由设站后，CPⅢ控制点的坐标不符值应满足表 3.2.2 的要求。当 CPⅢ点坐标不符值 X、Y、H 大于表 3.2.2 的规定时，该 CPⅢ点不应参与平差计算。每一测站参与平差计算的 CPⅢ控制点不应少于 6 个。

表 3.2.2　CPⅢ控制点坐标不符值限差要求

项目	X	Y	H
控制点余差	≤2 mm	≤2 mm	≤2 mm

笔记栏

18.双块式精调实施过程

全站仪设站完成后，将小车推至与全站仪 55 m 以内的位置，待小车稳定后，多次采集数据并查看数据是否处于稳定状态(变化小于 0.7 mm)；如果不稳定，则将小车再往前推一段距离重复上述工作，直至稳定的工作距离位置，在环境状态稳定的情况下，将此距离作为一测站的工作距离。

2)操作过程

(1)选择合适的地点，整平全站仪，使全站仪尽量靠近轨道中线。

(2)确保整个测量过程中地面稳定。

(3)确保全站仪和三脚架不受阳光直射(必要的时候使用遮阳伞)。

(4)开始“测量”程序(按[F1])(图 3.2.2)。

(5)选择正确的作业。

(6)进入“设站”菜单(按[F3])。

(7)选择正确的作业，选择“后方交会”，设置测站 ID，仪器高输入 0，按[F1]继续。

(8)选择后视点，并照准、测量。对所选的 8 个后视点重复此项工作。然后按“计算”[F5]。

(9)按“换页”[F6]，选择“质量”选项卡，检查设站的精度。

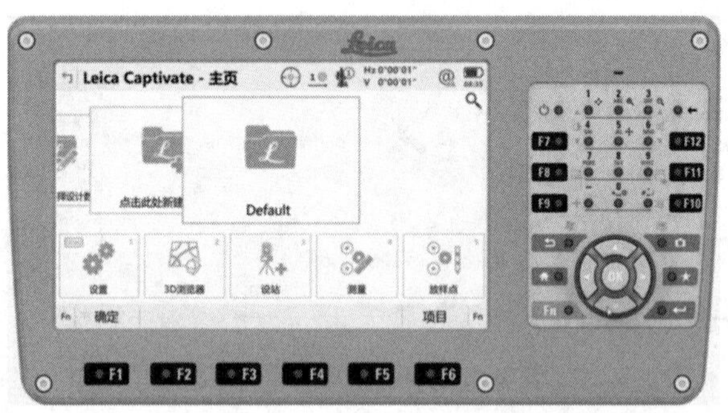

图 3.2.2　Leica TPS 1200 全站仪操作界面

4. 精调小车安装

轨道精调小车的安装与全站仪设站同时进行，小车上下道应轻拿轻放，严禁碰撞。确保各走形轮与轨距测量装置与钢轨紧密接触。小车安装完成后检查与全站仪的通信是否顺畅。确保进行阶段时间内的轨道精调任务时电池有足够的电量。

5. 安伯格小车 GRPwin 测量程序的相关参数设置

(1)属性和设置

根据施工现场的情况，进行单位的设置(图 3.2.3)。

(2)程序选项(图 3.2.4)

一般程序设置要求要满足下列条件：

- 0.001 m 偏差的显示方式：1.0(精确到小数点后 4 位)；
- 最大箭头显示偏差：0.002 m(偏差小于 2 mm 时箭头开始缩小)；
- 里程计：与设计中线里程同步，自动进行纵坡改正；
- 自动保存：启用。

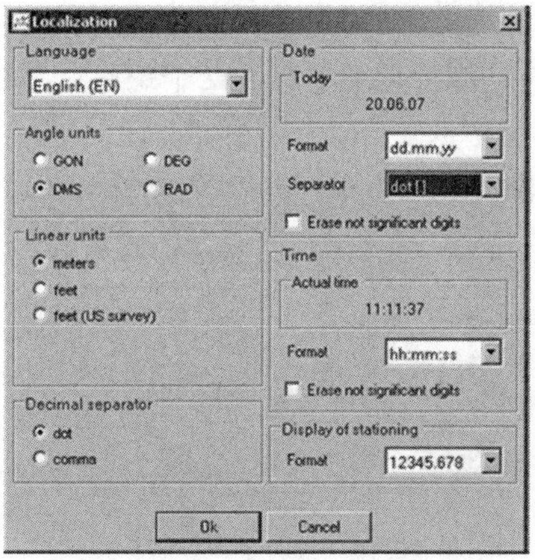

笔记栏

图 3.2.3　参数设置界面

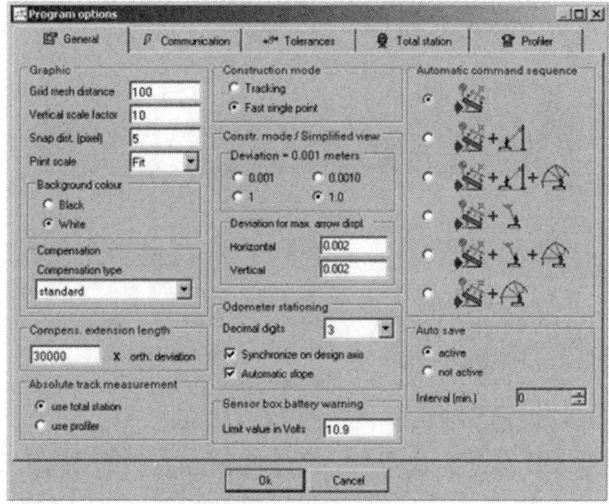

图 3.2.4　程序选项界面

19.安伯格轨检小车操作方法

(3)限差(图 3.2.5)

• 偏差:0.000 7 m 或 0.7 mm(所有三个参数);

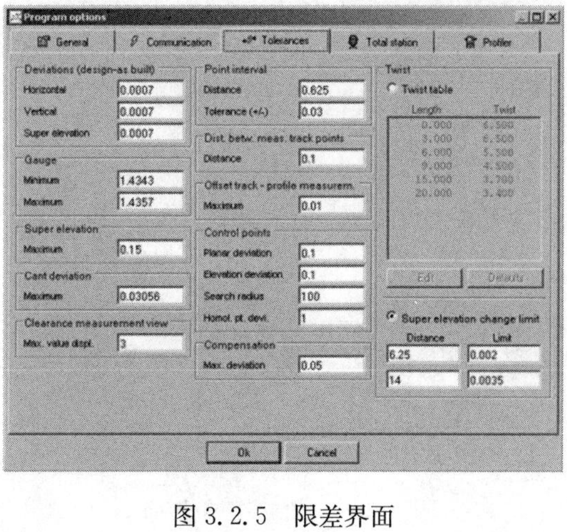

图 3.2.5　限差界面

笔记栏

• 轨距：1.434 3 m 到 1.435 7 m(与标准轨距的最大偏差为 0.7 mm)；

• 距离：测量所有的螺杆调节器时为两个螺杆调节器之间的距离；测量所有的轨枕时为 0.625 m。

(4)高程和参考轨距(图 3.2.6)

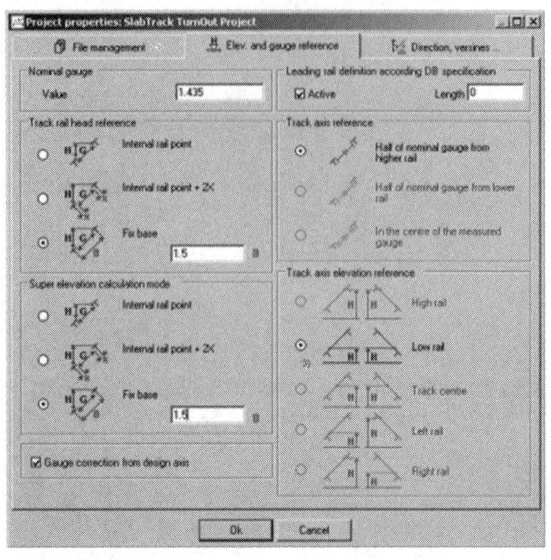

图 3.2.6 高程和参考轨距界面

• 标准轨距：1.435 m；

• 参考轨头：固定长度 1.5 m；

• 超高计算基准：固定长度 1.5 m；

• 选中根据设计线形对测量轨距进行改正；

• 启用"根据 DB 标准定义导向轨"并将长度参数设置为 0。这时，自动选择对应的轨道中线参考基准(高轨)和轨道高程参考(低轨)基准。

(5)轨向/正矢(图 3.2.7)

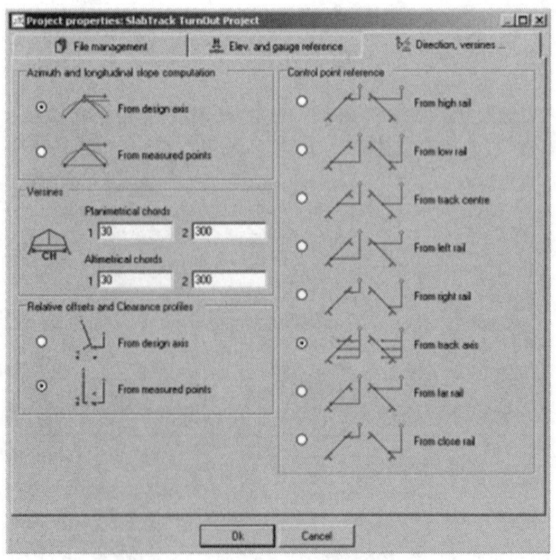

图 3.2.7 轨向/正矢界面

- 方位角和纵坡计算：根据设计中线；
- 计算正矢的弦长基准为：水平正矢（轨向）　30～300 m；高度正矢（高低）　30～300 m；
- 相对偏移和限界断面：以测量点位基准；
- 控制点偏移参考基准：以轨道中线为基准。

6. 精调方法

精测小车停于调整梁对应位置后，全站仪测量轨道精测小车顶端棱镜，采集轨道数据。精测小车接收观测数据后，通过配套软件，计算轨道平面位置、水平、超高、轨距等数据，将误差值迅速反馈到精测小车的计算机显示屏幕上（图 3.2.8），指导轨道调整。反复测调，最终使轨排线形满足设计要求。精调测量过程中禁止人员在棱镜和全站仪之间穿行。

1）工具轨法

（1）调整中线。采用双头调节扳手，调整轨道中线（图 3.2.9）。如果向左侧调整，要将右侧的锁定螺栓拧松，然后拧紧左侧的锁定螺栓，轨排即可向左移动。

笔记栏

20.安伯格轨检小车数据采集

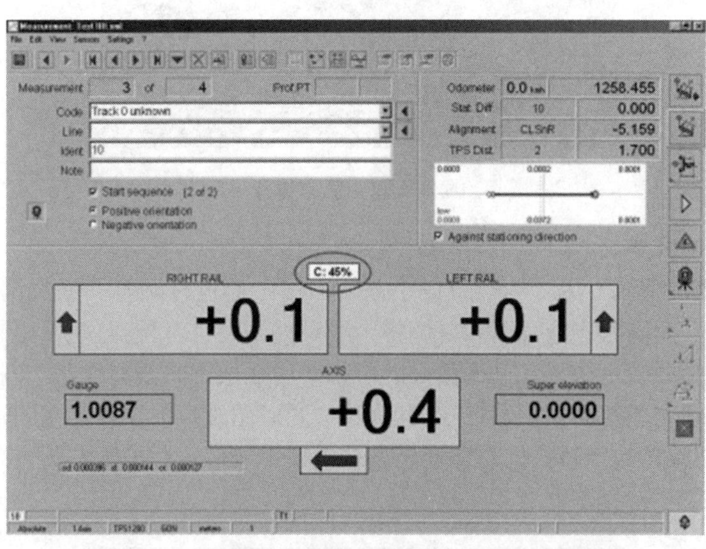

图 3.2.8　小车 GRPwin 测量程序数据采集界面

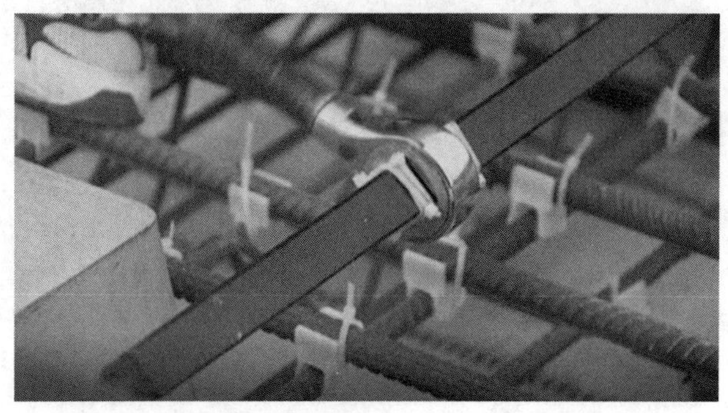

图 3.2.9　采用双头调节扳手调整轨距固定撑拉杆

笔记栏

(2)调整轨道高程。用普通六角螺帽扳手(图 3.2.10)、旋转竖向螺杆(图 3.2.11)调整轨道水平、超高。

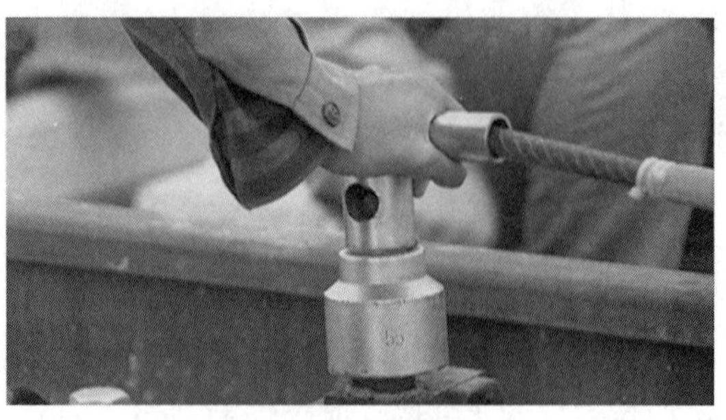

图 3.2.10 六角螺帽扳手

图 3.2.11 竖向螺杆

2)轨排框架法

(1)调整中线。用专用开口扳手对轨向锁定器进行调整。一次调整 2 组,左右各配 2 人同时作业。紧扣一侧将中线调整到位,在仪器监控下拧紧松扣一侧,在此过程中,不得扰动已调整好的中线。如框架钢轨偏离线路左侧,则用开口扳手松动右侧轨向锁定器(逆时针旋转),同时用开口扳手拧紧左侧轨向锁定器(顺时针旋转),使轨排向右移动至设计轨道中线位置后拧紧右侧轨向锁定器(图 3.2.12)。

图 3.2.12 轨向锁定器、螺杆调节器

笔记栏

(2)调整高程。粗调后顶面高程应略低于设计顶面高程。用开口扳手顺时针旋转竖向螺杆,使轨排上升至设计轨面高程。调整后人工检查螺杆与混凝土是否密贴,保证螺杆底部不悬空。调整螺柱时要缓慢进行,旋转 120°高程变化为 1 mm。

(3)精调顺序。对某两个特定轨排架而言,精调顺序为:1→3→1→2→3→2→3→4→5→3→4→6→4→5→6→5→6,如图 3.2.13 所示。

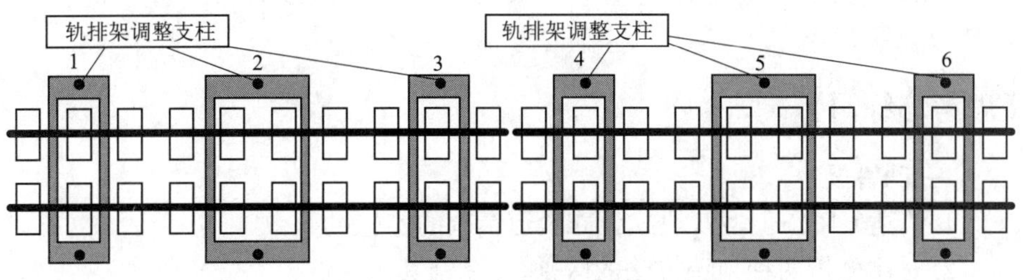

图 3.2.13　精调顺序

(4)顺接过渡。前一站调整完成后,下一站调整时需重叠上一站调整过的 5~10 根轨枕。

在 CPⅢ点精度、设站精度、全站仪精度、测量小车精度符合规范要求的情况下,两设站点测量同测点的绝对偏差值中线不大于 0.5 mm、高程不大于 2 mm;若偏差大于以上数据,需查找分析原因。首先检查设站点 1 和设站点 2 的设站精度,如果设站精度无问题,则需要对 CPⅢ控制点进行复测,以确保 CPⅢ点的整体精度。过渡段从顺接段后的第一个轨排架开始,每根枕的数据递减值宜小于 0.2 mm,直至绝对偏差约为零。具体顺接示意如图 3.2.14 所示。

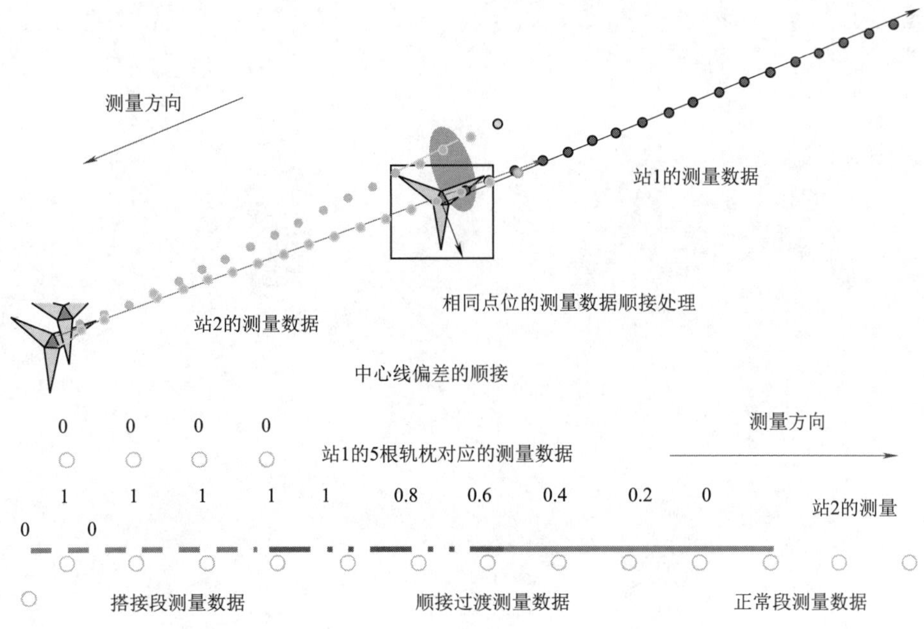

图 3.2.14　中线高程顺接示意

笔记栏

精调过程控制标准为：

支撑点处精度　高程±0.5 mm，中心±0.5 mm；

全面复测精度　高程±1.0 mm，中心±0.5 mm。

搭接段两次设站最大差值：高程±1.5 mm，中心±0.8 mm。

7. 完成精调

轨道精调完成后，尽早浇筑混凝土。浇筑混凝土前，如果轨道放置时间超过 6 h，或环境温度变化超过 15 ℃，或受到外部条件影响，必须重新检查或调整。

【思考与练习】

一、问答题

1. 简述 CRTSⅠ型双块式无砟轨道精调的实施过程。

2. 对比分析两种精调方法的区别，并总结其优缺点。

3. 简述轨检小车组装步骤。

笔记栏

模块4 CRTSⅢ型板式无砟轨道精调技术

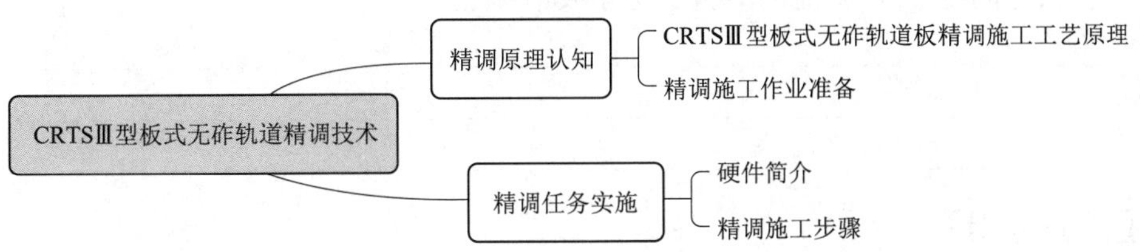

【学习目标】

知识目标：

1. 掌握CRTSⅢ型板式无砟轨道精调原理；
2. 掌握CRTSⅢ型板式无砟轨道精调施工工序及方法；
3. 掌握CRTSⅢ型板式无砟轨道精调仪器操作步骤；
4. 能够根据工程项目的要求，依据相关规范在现场进行精调作业。

能力目标：

1. 掌握全站仪自由设站方法；
2. 熟悉CRTSⅢ型板式无砟轨道精调方法；
3. 熟悉CRTSⅢ型板式无砟轨道精调软件操作方法；
4. 能够根据工程项目的要求，合理制定精调方案；
5. 具备正确查询、运用行业规范、标准的能力。

思政目标：

1. 学习我国自主研发技术，增强学生民族自豪感；
2. 认识精调设备，激发学生的自主创新思维；
3. 通过精调原理学习，培养学生精益求精的工作态度；
4. 善于与人沟通和交流，具有团队协作意识，善于总结经验。

任务1 精调原理认知

【任务描述】

郑阜高速铁路DK54＋984.1～DK93＋733.6段主要铺设CRTSⅢ型板式轨道板。目前已完成线下工程，沉降评估满足设计要求、CPⅢ网建立并评估完成，底座板已施工以及轨道板粗铺完成，根据施工方案，需进行后轨道板精调。

该段CRTSⅢ型板式轨道板13 922块，其中路基地段794块，桥梁地段13 126块。

笔记栏

学习相关知识，完成 CRTSⅢ型板式轨道板精调前的准备工作。

【引导问题】

引导问题 1：CRTSⅢ型板式轨道板精调的重要性是什么？

____

____

____

引导问题 2：精调前的准备工作主要有哪些？

____

____

____

【任务分组】

学生任务分配表见表 4-1-1。

表 4-1-1 学生任务分配表

<table>
<tr><td>班级</td><td></td><td>组号</td><td></td><td>指导老师</td><td></td></tr>
<tr><td>组长</td><td></td><td>学号</td><td></td><td></td><td></td></tr>
<tr><td>组员</td><td colspan="5"><table><tr><td>姓名</td><td>学号</td><td>姓名</td><td>学号</td></tr><tr><td></td><td></td><td></td><td></td></tr><tr><td></td><td></td><td></td><td></td></tr><tr><td></td><td></td><td></td><td></td></tr></table></td></tr>
<tr><td colspan="6">任务分工</td></tr>
</table>

【任务实施】

1. 根据 CRTSⅢ型板式无砟轨道板精调施工工艺原理，绘制其施工工艺流程图。

笔记栏

2. 精调施工作业前准备：

(1)______

(2)______

(3)______

(4)______

(5)______

3. 在下图中标出布板软件生成的轨道板精调设计数据所在位置。

4. CRTSⅢ型板式无砟轨道板精调注意事项：

(1)______

(2)______

(3)______

(4)______

(5)______

(6)______

【评价反馈】

1. 学生进行自评(表 4-1-2)

表 4-1-2　学生自评表

评价项目	评价标准	分值	得分
精调工艺	能正确绘制工艺流程图	20	
施工准备	能正确掌握施工前准备工作内容	10	
精调设计数据	能完成精调布板设计数据	20	
精调注意事项	能正确掌握精调注意事项	10	
工作态度	态度端正，无迟到早退现象	10	
工作质量	能按计划完成工作任务	10	
协调能力	与小组成员、同学之间能合作交流，协调工作	10	
创新意识	了解 CRTSⅢ型板的精调新设备、新工艺	10	
合　计		100	

笔记栏

2. 学生以小组为单位，对上述工作过程与结果进行互评(表 4-1-3)

表 4-1-3　学生互评表

评价项目	分值	等级								评价对象(组别)					
										1	2	3	4	5	6
计划合理	10	优	10	良	8	中	6	差	4						
方案准确	10	优	10	良	8	中	6	差	4						
团队合作	10	优	10	良	8	中	6	差	4						
组织有序	10	优	10	良	8	中	6	差	4						
工作质量	10	优	10	良	8	中	6	差	4						
工作效率	10	优	10	良	8	中	6	差	4						
工作完整	20	优	20	良	16	中	12	差	8						
工作规范	20	优	20	良	16	中	12	差	8						
合　计	100														

3. 教师对学生工作过程和结果进行评价(表 4-1-4)

表 4-1-4　教师综合评价表

班级：		姓名：		学号：	
任务 1		CRTSⅢ型板式无砟轨道精调原理认知			
评价项目		评价标准		分值	得分
考勤(10%)		无迟到、早退、旷课现象		10	
工作过程(60%)	精调工艺	能正确绘制工艺流程图		20	
	施工准备	能正确掌握施工前准备工作内容		10	
	精调设计数据	能准确标出精调设计数据		20	
	精调注意事项	能正确掌握精调注意事项		10	
	工作态度	态度端正，无迟到早退现象		10	
	协调能力	与小组成员、同学之间能合作交流，协调工作		10	
项目成果(30%)	工作完整	能按时完成任务		10	
	工作规范	能按规范步骤进行操作		10	
	工作报告	能准确掌握 CRTSⅢ型板式无砟轨道板精调原理		10	
合　计				100	
综合评价	自评(20%)	小组评价(30%)	教师评价(50%)	综合得分	

21.CRTSⅠ型板式无砟轨道精调原理

22.CRTSⅡ型板式无砟轨道精调原理

23.CRTSⅢ型板式无砟轨道精调原理

【相关知识】

CRTSⅢ型板式无砟轨道是我国自主研发的完全具有自主知识产权的一种新型无砟轨道，其布板设计、制板、施工及安装等整套技术特点不同于其他已有的无砟轨道结构。CRTSⅢ型板式无砟轨道结构在建设周期内，通过布板软件

笔记栏

计算出无砟轨道板的结构参数和铺设历程，即轨道板厂进行规模化生产、检测，再运输到施工现场进行铺设。轨道板精调就是把轨道板逐一调整到线路设计的理论位置，最后通过自密实混凝土实现轨道板与底座的连接。

1. CRTSⅢ型板式无砟轨道板精调施工工艺原理

CRTSⅢ型板式无砟轨道板粗铺完成后，为了保证线路平顺性，对轨道板需进行精确定位，以减少后期扣件的调整量。轨道板精调主要靠安装在轨道板四角的精调器（精调爪）进行高程调整、中线调整。依据无砟轨道结构从上向下控制的设计原则，结合CRTSⅢ型轨道板结构尺寸，专门设计出钢轨位置模拟装置及精调标架，如图4.1.1所示。在该标架上安放精密棱镜，由全站仪测定棱镜三维坐标并计算轨道板上四个棱镜位置与设计位置的横向和竖向偏差量，根据精调系统显示的偏差量调节精调器，调整轨道板到正确的空间位置，即将轨道板中线和轨道板顶面高程精调到设计值（符合标准要求），实现对轨道板亚毫米级的三维精确定位。

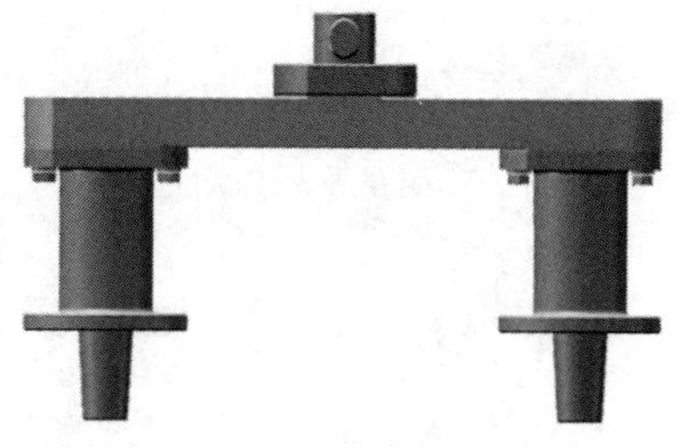

图4.1.1　CRTSⅢ型板精调标架

2. 精调施工作业准备

（1）轨道板精调前，由测量技术人员编写施工作业指导书，明确相关技术参数及技术标准。

（2）制定培训计划，从管理人员到施工人员，层层交底，层层培训，做到人人明确标准、明确工艺、明确控制要点。

（3）无砟轨道工装配置满足需求。

（4）CRTSⅢ型板式无砟轨道用轨道板已进场，无砟轨道施工测量、试验仪器设备已检测标定合格进场。

（5）确定CPⅢ网建立并评估完成。

1）施工准备

开始施工前，对设计图的结构尺寸及工程量进行审核；对线下构筑物状态检查及沉降评估；进行CPⅢ测设及评估；对各种测量设备、机具进场和检修等。

在无砟轨道施工前需准备左、右线的平曲线线路参数、竖曲线参数、曲线超高参数、轨道板结构参数，如有短链或长链情况，需考虑在短链或长链处里程数据的转换；以上参数需经两人以上单独计算复核，确认无误后方可使用，使用过程中任何人不得随意更改测量参数。

根据设计布板数据，现场采集每一孔梁的梁端坐标，计算实际梁长，根据实际梁长对设计轨道板位置进行调整（相对标准板缝最大调整量为－10～＋20 mm）；在梁端位置的底座板，原则上不允许出现底座板悬空的情况，只有在大梁缝地段底座板允许悬空一定长度。

利用布板软件对底座板和轨道板进行布板，生成底座板放样数据和轨道板精调的内业计算数据，布板软件操作界面如图4.1.2所示。

布板软件生成的轨道板精调数据包括每一块轨道板的中线坐标、角点坐标等，导出格式是精调软件匹配格式（图4.1.3）。

笔记栏

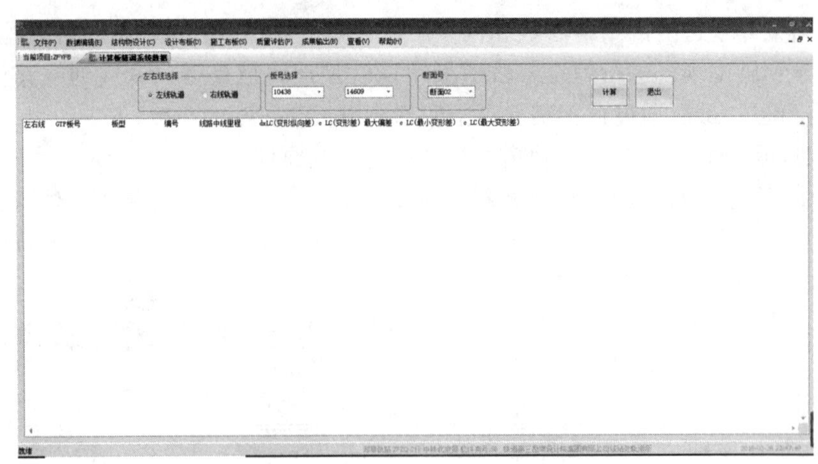

图 4.1.2　布板软件操作界面

L010438.JTLJ	2018/3/19 21:22	JTLJ 文件	1 KB
L010438.JTXYZ	2018/3/19 21:22	JTXYZ 文件	2 KB
L010439.JTLJ	2018/3/19 21:22	JTLJ 文件	1 KB
L010439.JTXYZ	2018/3/19 21:22	JTXYZ 文件	2 KB
L010440.JTLJ	2018/3/19 21:22	JTLJ 文件	1 KB
L010440.JTXYZ	2018/3/19 21:22	JTXYZ 文件	2 KB
L010441.JTLJ	2018/3/19 21:22	JTLJ 文件	1 KB
L010441.JTXYZ	2018/3/19 21:22	JTXYZ 文件	2 KB
L010442.JTLJ	2018/3/19 21:22	JTLJ 文件	1 KB
L010442.JTXYZ	2018/3/19 21:22	JTXYZ 文件	2 KB
L010443.JTLJ	2018/3/19 21:22	JTLJ 文件	1 KB
L010443.JTXYZ	2018/3/19 21:22	JTXYZ 文件	2 KB
L010444.JTLJ	2018/3/19 21:22	JTLJ 文件	1 KB
L010444.JTXYZ	2018/3/19 21:22	JTXYZ 文件	2 KB
L010445.JTLJ	2018/3/19 21:22	JTLJ 文件	1 KB

图 4.1.3　布板软件生成的轨道板精调数据

有些布板软件为配合标架测量的准确性，生成数据为承轨台的轮缘槽位置，如图 4.1.4 所示。

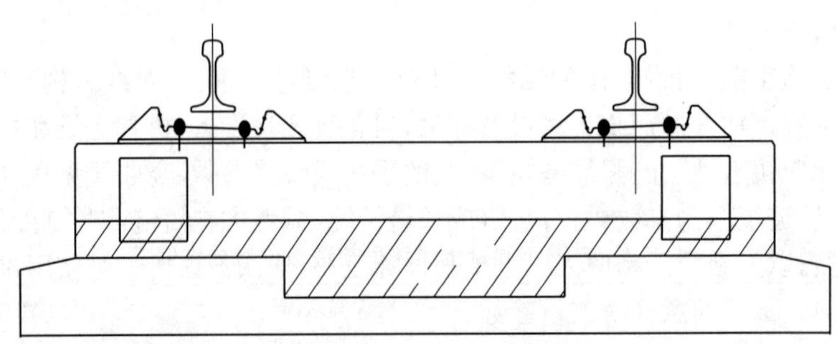

图 4.1.4　软件生成的轨道板精调数据点位置

2)轨道板精调注意事项

(1)精调作业前，测量人员必须按规定对测量仪器、精调标架进行校核。精调后妥善保管测量仪器、精调标架，避免偶然误差影响精调精度。

(2)测量系统的安放位置必须正确，精调标架安装到位且保持稳定，尤其注意全站仪设站所处轨道板必须稳定。

(3)轨道板精调作业应避免在夏季午后日光强烈、气温变化剧烈、大风、雨雾雪等条件下进行。必须进行精调时要采取相应防护措施，如搭设防护棚等。遇到偶然出现的机械振动过大、雷雨天气，应停止作业。

(4)轨道板精调后，禁止人员踩踏，并尽量在 24 h 内完成自密实混凝土灌注。若 12 h 内不能灌注轨道板，或者精调轨道板与灌注轨道板时的温差超过 15 ℃，应予以复测。

(5)轨道板精调后应安装固定装置，确保自密实混凝土施工过程中轨道板不出现上浮或偏移。

(6)轨道板封边、压板若影响精调成果，应予以复测。

3)质量控制

根据《高速铁路轨道工程施工质量验收标准》(TB 10754—2018)，轨道板精调后的位置偏差应符合表 4.1.1 的规定。

表 4.1.1　轨道板铺设精调定位允许偏差

<table>
<tr><th>序号</th><th colspan="2">检验项目</th><th colspan="2">允许偏差(mm)</th><th>检验数量</th></tr>
<tr><td>1</td><td colspan="2">中线位置</td><td colspan="2">0.5</td><td>每板检查 3 处
(两端和中部)</td></tr>
<tr><td>2</td><td colspan="2">测点处承轨面高程</td><td colspan="2">±0.5</td><td>全部检查</td></tr>
<tr><td>3</td><td colspan="2">相邻轨道板接缝处承轨面相对横向偏差</td><td>±0.5</td><td rowspan="2">不允许连续 3 块以上轨道板出现同向偏差</td><td>全部检查</td></tr>
<tr><td>4</td><td colspan="2">相邻轨道板接缝处承轨面相对高差</td><td>±0.5</td><td>全部检查</td></tr>
<tr><td rowspan="2">5</td><td rowspan="2">纵向位置</td><td>曲线地段</td><td colspan="2">2</td><td>全部检查</td></tr>
<tr><td>直线地段</td><td colspan="2">3</td><td>全部检查</td></tr>
</table>

注：1. 序号 3，面向里程增加方向，相邻轨道板接缝处承轨面相对横向偏差，偏向左侧的横向偏差为正(+)、偏向右侧的横向偏差为负(−)；

2. 序号 4，面向里程增加方向，相邻轨道板接缝处承轨面相对高差，前块轨道板承轨面高程减后块轨道板承轨面高程，按计算结果标记正负高差。

轨道板精调后，施工单位、监理单位要进行检查或复测，复测合格后即可灌注自密实混凝土，混凝土灌注结束后需要再次对轨道板进行测量，灌注后的允许偏差见表 4.1.2，若不满足要求需要揭板重置。

表 4.1.2　自密实混凝土灌注后轨道板位置允许偏差

<table>
<tr><th>序号</th><th>检验项目</th><th colspan="2">允许偏差(mm)</th><th>检验数量</th></tr>
<tr><td>1</td><td>中线位置</td><td colspan="2">2</td><td>每板检查 3 处
(两端和中部)</td></tr>
<tr><td>2</td><td>测点处承轨面高程</td><td colspan="2">±2</td><td>全部检查</td></tr>
<tr><td>3</td><td>相邻轨道板接缝处承轨面相对横向偏差</td><td>±1</td><td rowspan="2">不允许连续 3 块以上轨道板出现同向偏差</td><td>全部检查</td></tr>
<tr><td>4</td><td>相邻轨道板接缝处承轨面相对高差</td><td>±1</td><td>全部检查</td></tr>
</table>

笔记栏

续上表

序号	检验项目		允许偏差(mm)	检验数量
5	纵向位置	曲线地段	5	全部检查
		直线地段	10	全部检查

注:1. 序号 3,面向里程增加方向,相邻轨道板接缝处承轨面相对横向偏差,偏向左侧的横向偏差为正(+)、偏向右侧的横向偏差为负(-);

2. 序号 4,面向里程增加方向,相邻轨道板接缝处承轨面相对高差,前块轨道板承轨面高程减后块轨道板承轨面高程,按计算结果标记正负高差。

【思考与练习】

一、填空题

1. CRTSⅢ型轨道板精调后的高程位置偏差应满足________,平面偏差应满足________。

2. 自密实混凝土灌注后轨道板位置允许偏差高程为________,中线为________。

二、问答题

1. 简述 CRTSⅢ型板式无砟轨道精调的原理。

2. 简述 CRTSⅢ型板式无砟轨道精调需要注意事项。

3. 思考 CRTSⅢ型板式无砟轨道精调过程中如何进行质量控制。

任务 2 精调任务实施

【任务描述】

新建郑州—周口—阜阳高速铁路河南段工程××标段三分部 CRTSⅢ型板式无砟轨道轨道板的铺设与精调工作即将开展,轨道板粗铺采用吊装形式,根据设计文件选择对应的轨道板型号。在底座板上放线,确定轨道板位置,在靠近 4 个吊装孔位置放置 10 cm 厚的硬质方木垫块,垫块上安装土工布垫,垫块的高度小于精调器竖向最大调程。轨道板通过精调器竖向调整抬高撤出垫块。轨道板就位时以底座上放出的轨道板位置轮廓线为控制线,保证粗铺时轨道板横向不大于精调支架横向调程的 1/2,纵向偏差不大于 10 mm。纵向位置采用与设计板缝相同尺寸的方木条控制,轨道板就位时人工控制紧贴木条下落。

学习相关知识,完成 CRTSⅢ型板式轨道板精调施工工作。

【引导问题】

引导问题 1:CRTSⅢ型板式轨道板粗调的标准是什么?

____

____

____

____

笔记栏

引导问题 2:CRTSⅢ型板式轨道板精调前的硬件设备有哪些?

引导问题 3:CRTSⅢ型板式轨道板精调施工工序包括哪些?

引导问题 4:CRTSⅢ型板式轨道板精调成果验收标准有哪些?

【任务分组】

学生任务分配表见表 4-2-1。

表 4-2-1　学生任务分配表

<table>
<tr><td>班级</td><td></td><td>组号</td><td></td><td>指导老师</td><td></td></tr>
<tr><td>组长</td><td></td><td>学号</td><td></td><td></td><td></td></tr>
<tr><td>组员</td><td colspan="5"><table>
<tr><td>姓名</td><td>学号</td><td>姓名</td><td>学号</td></tr>
<tr><td></td><td></td><td></td><td></td></tr>
<tr><td></td><td></td><td></td><td></td></tr>
<tr><td></td><td></td><td></td><td></td></tr>
</table></td></tr>
<tr><td colspan="6">任务分工</td></tr>
</table>

笔记栏

【任务实施】

1. 技术准备

(1)下图是实训工区 CPⅢ控制点平面位置图,请在图中标出全站仪设站位置及观测顺序。

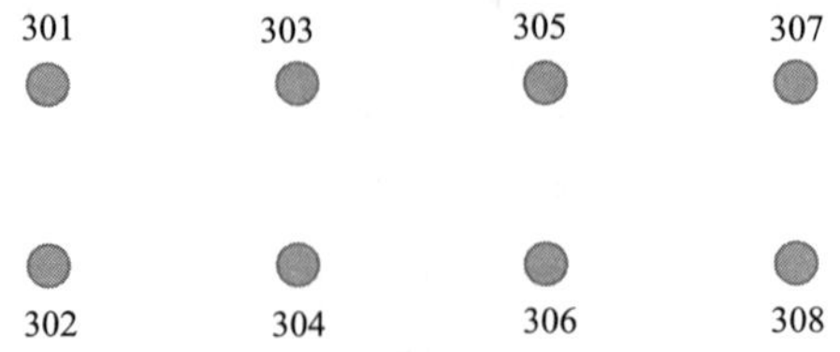

301 303 305 307

302 304 306 308

(2)在下图中标出标架的安放位置及标号。

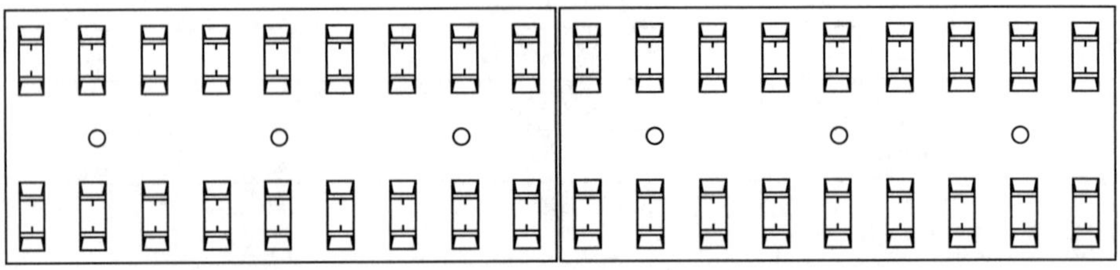

2. 工具和材料准备

提示:作业前清点作业工具及材料,确认工具及材料是否齐全,是否完好,性能是否可靠。

工具及材料名称	数量	作业前检查结果

3. CRTSⅢ型板式轨道板精调实施步骤

序号	描述步骤的主要内容

4. 成果检验

笔记栏

【评价反馈】

1. 学生进行自评(表 4-2-2)

表 4-2-2　学生自评表

评价项目	评价标准	分值	得分
技术准备	能正确架设全站仪和标架	20	
工具及材料准备	能正确掌握施工前准备工作内容	10	
精调实施步骤	能准确进行精调施工	20	
精调成果检验	能正确掌握精调成果检验方法	10	
工作态度	态度端正,无迟到早退现象	10	
工作质量	能按计划完成工作任务	10	
协调能力	与小组成员、同学之间能合作交流,协调工作	10	
创新意识	了解 CRTSⅢ型板式无砟轨道精调新技术、新设备	10	
合　计		100	

2. 学生以小组为单位,对上述工作过程与结果进行互评(表 4-2-3)

表 4-2-3　学生互评表

评价项目	分值	等级								评价对象(组别)					
										1	2	3	4	5	6
计划合理	10	优	10	良	8	中	6	差	4						
方案准确	10	优	10	良	8	中	6	差	4						
团队合作	10	优	10	良	8	中	6	差	4						
组织有序	10	优	10	良	8	中	6	差	4						
工作质量	10	优	10	良	8	中	6	差	4						
工作效率	10	优	10	良	8	中	6	差	4						
工作完整	20	优	20	良	16	中	12	差	8						
工作规范	20	优	20	良	16	中	12	差	8						
合　计	100														

笔记栏

3. 教师对学生工作过程和结果进行评价(表 4-2-4)

表 4-2-4 教师综合评价表

<table>
<tr><td colspan="2">班级:</td><td>姓名:</td><td colspan="2">学号:</td></tr>
<tr><td colspan="2">任务 2</td><td colspan="3">CRTSⅢ型板式无砟轨道精调任务实施</td></tr>
<tr><td colspan="2">评价项目</td><td>评价标准</td><td>分值</td><td>得分</td></tr>
<tr><td colspan="2">考勤(10%)</td><td>无迟到、早退、旷课现象</td><td>10</td><td></td></tr>
<tr><td rowspan="6">工作过程(60%)</td><td>技术准备</td><td>能正确架设全站仪和标架</td><td>20</td><td></td></tr>
<tr><td>工具及材料准备</td><td>能正确掌握施工前准备工作内容</td><td>10</td><td></td></tr>
<tr><td>精调实施步骤</td><td>能准确进行精调施工</td><td>20</td><td></td></tr>
<tr><td>精调成果检验</td><td>能正确掌握精调成果检验方法</td><td>10</td><td></td></tr>
<tr><td>工作态度</td><td>态度端正,无迟到早退现象</td><td>10</td><td></td></tr>
<tr><td>协调能力</td><td>与小组成员、同学之间能合作交流,协调工作</td><td>10</td><td></td></tr>
<tr><td rowspan="3">项目成果(30%)</td><td>工作完整</td><td>能按时完成任务</td><td>10</td><td></td></tr>
<tr><td>工作规范</td><td>能按规范步骤进行操作</td><td>10</td><td></td></tr>
<tr><td>工作报告</td><td>能正确完成 CRTSⅢ型板式无砟轨道板试验区精调任务</td><td>10</td><td></td></tr>
<tr><td colspan="3">合 计</td><td>100</td><td></td></tr>
<tr><td rowspan="2">综合评价</td><td>自评(20%)</td><td>小组评价(30%)</td><td>教师评价(50%)</td><td>综合得分</td></tr>
<tr><td></td><td></td><td></td><td></td></tr>
</table>

【相关知识】

CRTSⅢ型板式无砟轨道精调采用全站仪在 CPⅢ控制网内后视 6 个以上控制点自由设站,计算出设站点的理论三维坐标,全站仪测量轨道板上安设的 4 个精调标架棱镜,可获得4 个精调标架位置实际三维坐标。通过精调软件计算,将实际测量的 4 个三维坐标与设计对比,计算出纵、横和竖向调整量,作业人员调整精调爪,使纵、横和竖向调整量达到限差要求,进而完成轨道板精调作业。

1. 精调设备

(1)工控机部分

采用坚固型专用工控机便携式计算机(如松下 CF-19 便携式计算机见图 4. 2. 1),作为外业控制器。具备可靠的野外作业能力和数据处理速度。采用 VC 编写的控制软件,界面精美、实用,可随时检查全站仪的工作状态是否正常。采用 Windows 操作平台,支持多任务处理,可以在不退出控制软件的情况下检查数据,或执行其他操作。运行软件和控制全站仪、传感器等。

(2)全站仪

全站仪是数据测量的主要实施者,为了确保 CRTSⅢ型板的安装精度,要求全站仪达到以下精度:

测角精度:0. 5″;

测距精度:0. 3~1 mm。

目前,施工工程中一般选用的全站仪包括徕卡 TS16、TS60(图 4. 2. 2)、

TCA1201 等型号。

笔记栏

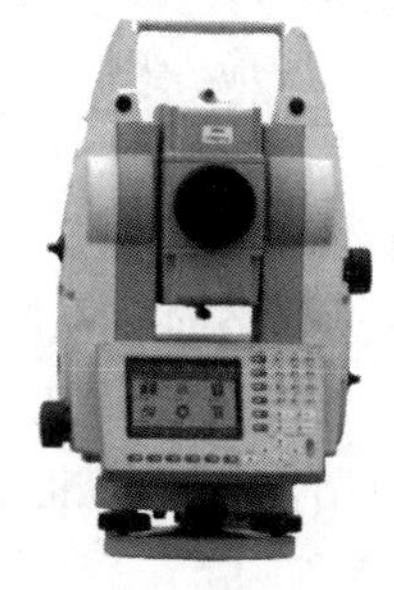

图 4.2.1　松下 CF-19 便携计算机　　　图 4.2.2　莱卡全站仪

(3)标架

测量标架(图 4.2.3)是本系统重要的组成部分,主要分为测量标架和标准标架 2 类,共 7 个。标架顶端要有安装迷你棱镜的端头,并配有迷你小棱镜。

图 4.2.3　测量标架

2. 精调施工步骤

当线下工程完成,沉降评估满足设计要求、CPⅢ网建立并评估完成,底座板已施工以及轨道板粗铺完成后进行轨道板精调。

(1)轨道板粗调

①精调作业前对轨道板进行粗调。首先在轨道板左、右两侧的预埋套管上安装精调支座(精调爪底部加设双侧土工布),每块板 4 个支座。安放支座前目视轨道板两侧与放样边线的偏差情况,若两侧偏差不大,则将支座横向(水平)调节螺杆的初始位置设置在中间点位,以留出调整余地。安装支座时,同一支座的两根固定螺杆应使用相同的扭紧力矩,扭紧力矩在200～300 N・m 之间,保证支座侧面与轨道板侧面平行密贴,受力均匀。

24.精调爪安装方法

②支座安装完成之后,4 个支座同步转动竖向调节螺杆,使轨道板慢慢升起,取出粗铺轨道板时安放的钢垫(或木垫),并确认轨道板下无其他废弃物。

25.底座板放样方法

③先调整轨道板水平位置,再调整轨道板高程。要求横向位置不超过精调器调程的 1/2,纵向偏差不超过 10 mm。当超出偏差时,应使用龙门吊调整轨道板至正确位置。高程以直线无纵坡地段相邻两块轨道板顶面相对高差不超过 2 mm 进行控制,按设计自密实混凝土垫层厚度＋10 mm 作校核,操作时以

笔记栏

1 m水平尺搭接上一块已精调或粗调到位的轨道板为依据，按压已调整端，待调整端按“高降低升”原则调整至高差2 mm内。

④粗调到位后应及时实施精调，以提高精调支座利用率、提高轨道板精调作业效率。

(2)全站仪设站

首先在测段线路前后两侧各2对共8个CPⅢ点套管上插入配套的观测棱镜，再将全站仪架设在测量前进方向的轨道板上，其中心尽量靠近轨道板中心线(图4.2.4)，全站仪分别照准8个CPⅢ棱镜进行设站，建站精度不大于0.7 mm。

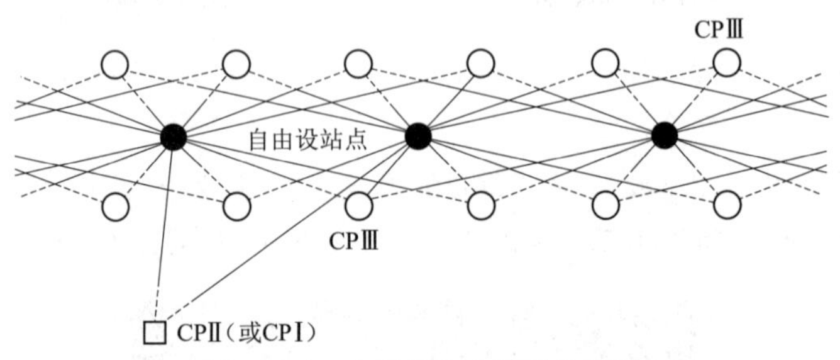

图4.2.4 全站仪自由设站位置图

需要注意的事项：

①全站仪每次投入使用前，应在室外暴露20 min以上，保证全站仪温度与环境温度相适应。现场检校全站仪的精度指标，包括I补偿器、t补偿器、i指标差、c视准差、a横轴差、ATR水平差、ATR垂直差等，检校合格后方可投入使用。

②自由设站(后方交会)观测CPⅢ控制点不应少于4对，全站仪宜设在线路中线附近，位于所观测的CPⅢ控制点的中间。更换测站后相邻测站重叠观测的CPⅢ控制点不应少于2对。

③全站仪设站位置距待调轨道板的距离应在6.5～19.5 m范围内，一般直线段架四调三，曲线段架三调二。

(3)精调标架校验与安装

精调前需利用标准标架对另外6个标架进行检校，校验具体操作见本模块任务1中的轨道板精调操作步骤。校验标准需满足1 mm精度要求。

精调标架采用扣件的预埋套管定位结构形式并采用与之配套的精调处理软件。精调标架位置摆放如图4.2.5所示。

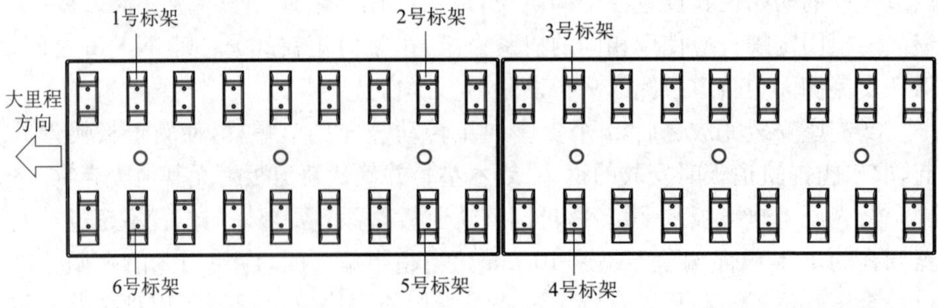

图4.2.5 精调标架布设位置

笔记栏

将 1 号、6 号与 2 号、5 号标架放置到待调轨道板图示位置，注意将标架插脚放入埋套管内，插脚活动端统一靠轨道板外侧摆放。将 3 号和 4 号标架放置在前一块已调整到位的轨道板向内数第 2 个承轨台上。测量过程中，全站仪的位置与 1 号标架间距控制在 6～40 m 范围，超过此范围时宜重新设站。

(4)轨道板精调操作

架设全站仪完成后，将 6 个测量标架安放在待调轨道板上，开启无线电装置，建立全站仪与计算机系统之间的联系，对全站仪进行初始定向和精调软件数据初始化。精调软件使用界面及操作流程见表 4.2.1。

表 4.2.1　精调软件使用界面及操作流程

序号	操作步骤	软件使用界面
1	精调软件主界面	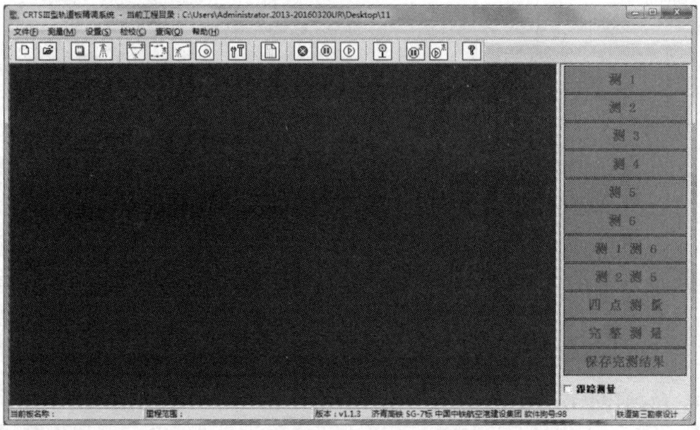
2	打开工程配置	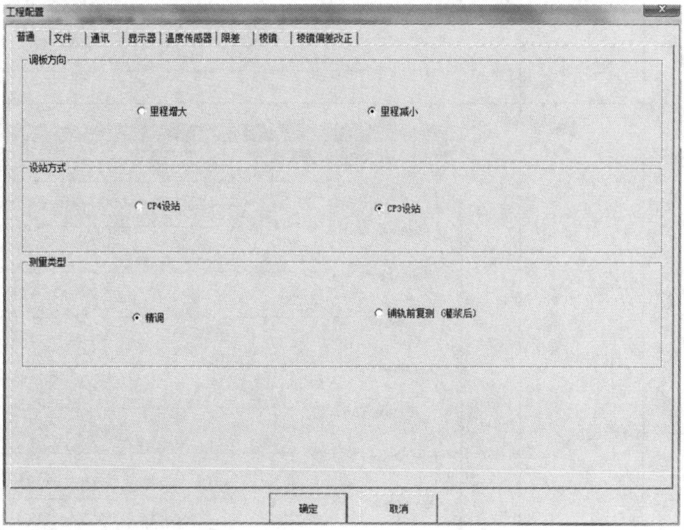

笔记栏

续上表

序号	操作步骤	软件使用界面
3	选择文件位置	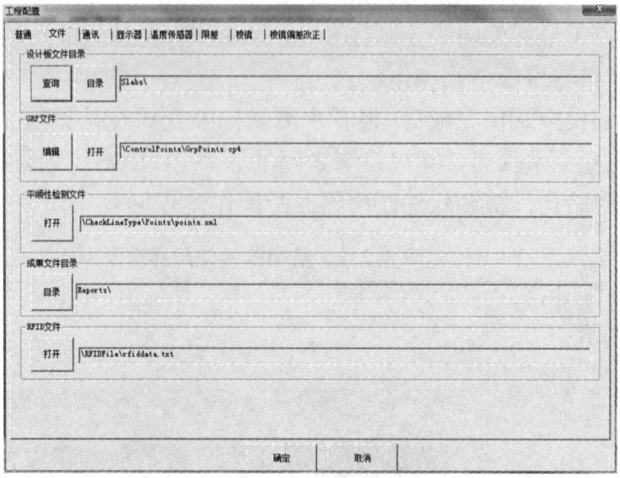 工程配置 普通 文件 通讯 显示器 温度传感器 限差 棱镜 棱镜偏差改正 设计板文件目录 查询 目录 Slabs\ GRP文件 编辑 打开 \ControlPoints\GrpPoints.cp4 平顺性检测文件 打开 \CheckLineType\Points\points.xml 成果文件目录 目录 Reports\ RFID文件 打开 \RFIDFile\rfiddata.txt 确定 取消
4	通信设置	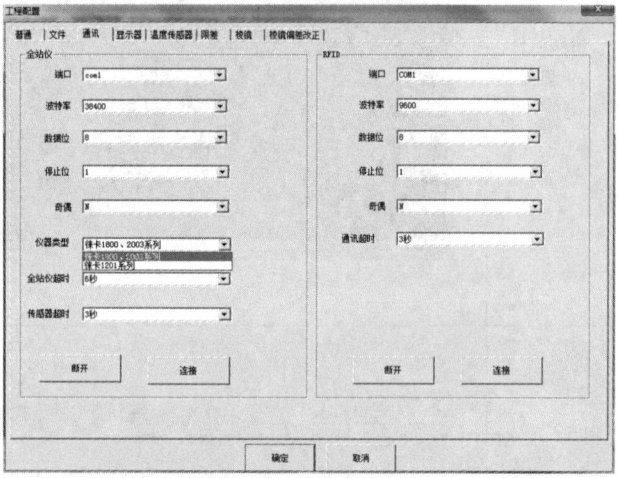 工程配置 普通 文件 通讯 显示器 温度传感器 限差 棱镜 棱镜偏差改正 全站仪 端口 com1 波特率 38400 数据位 8 停止位 1 奇偶 N 仪器类型 徕卡1800、2003系列 徕卡1201系列 全站仪超时 6秒 传感器超时 3秒 断开 连接 RFID 端口 COM1 波特率 9600 数据位 8 停止位 1 奇偶 N 通讯超时 3秒 断开 连接 确定 取消
5	限差设置	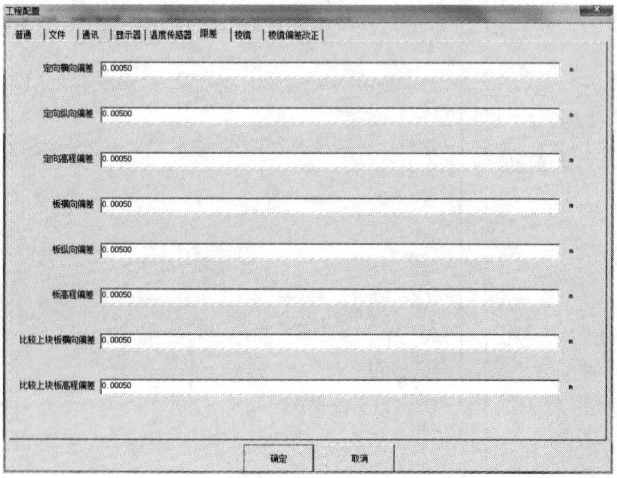 工程配置 普通 文件 通讯 显示器 温度传感器 限差 棱镜 棱镜偏差改正 定向横向偏差 0.00050 m 定向纵向偏差 0.00500 m 定向高程偏差 0.00050 m 板横向偏差 0.00050 m 板纵向偏差 0.00500 m 板高程偏差 0.00050 m 比较上块板横向偏差 0.00050 m 比较上块板高程偏差 0.00050 m 确定 取消

笔记栏

续上表

序号	操作步骤	软件使用界面
6	棱镜 常数设置	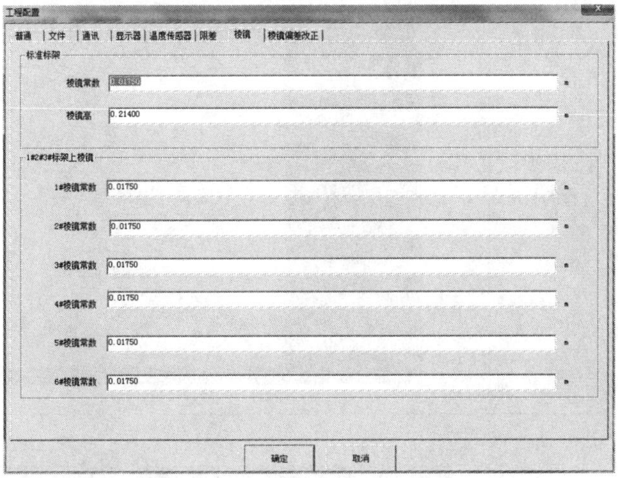 工程配置 普通 | 文件 | 通讯 | 显示器 | 温度传感器 | 限差 | 棱镜 | 棱镜偏差改正 标准标架 棱镜常数 0.01750 m 棱镜高 0.21400 m 1#2#3#标架上棱镜 1#棱镜常数 0.01750 m 2#棱镜常数 0.01750 m 3#棱镜常数 0.01750 m 4#棱镜常数 0.01750 m 5#棱镜常数 0.01750 m 6#棱镜常数 0.01750 m 确定　取消
7	棱镜 偏差改正	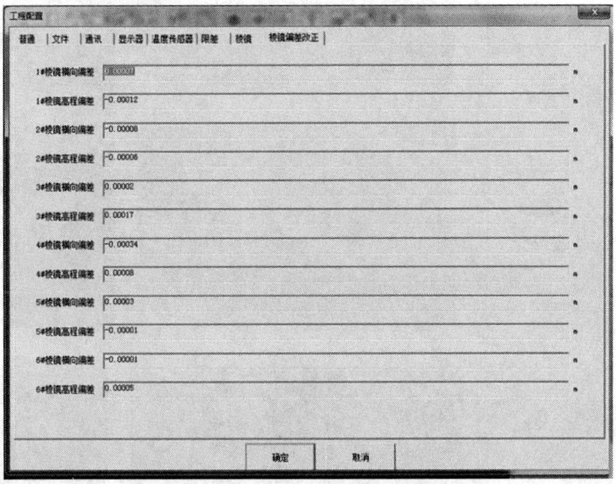 工程配置 普通 | 文件 | 通讯 | 显示器 | 温度传感器 | 限差 | 棱镜 | 棱镜偏差改正 1#棱镜横向偏差 m 1#棱镜高程偏差 -0.00012 m 2#棱镜横向偏差 -0.00008 m 2#棱镜高程偏差 -0.00006 m 3#棱镜横向偏差 0.00002 m 3#棱镜高程偏差 0.00017 m 4#棱镜横向偏差 -0.00034 m 4#棱镜高程偏差 0.00008 m 5#棱镜横向偏差 0.00003 m 5#棱镜高程偏差 -0.00001 m 6#棱镜横向偏差 -0.00001 m 6#棱镜高程偏差 0.00005 m 确定　取消
8	检校标架	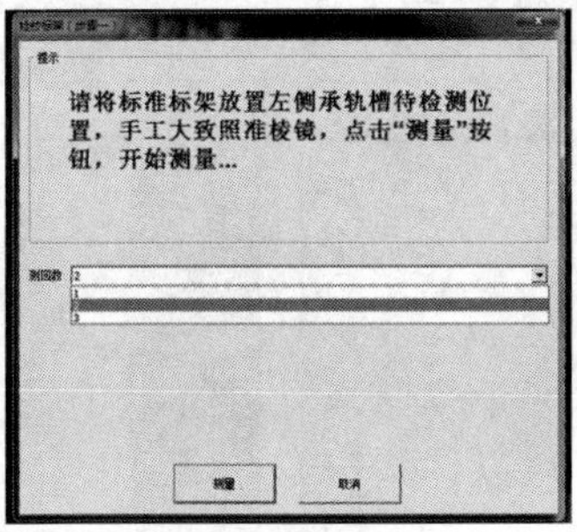 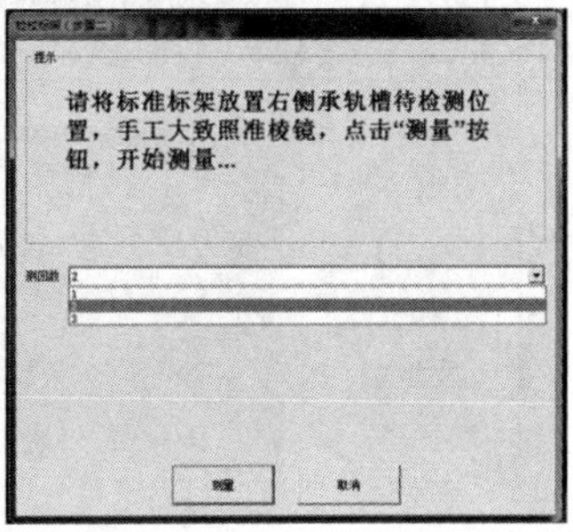 请将标准标架放置左侧承轨槽待检测位置，手工大致照准棱镜，点击“测量”按钮，开始测量… 测量　取消 请将标准标架放置右侧承轨槽待检测位置，手工大致照准棱镜，点击“测量”按钮，开始测量… 测量　取消

笔记栏

续上表

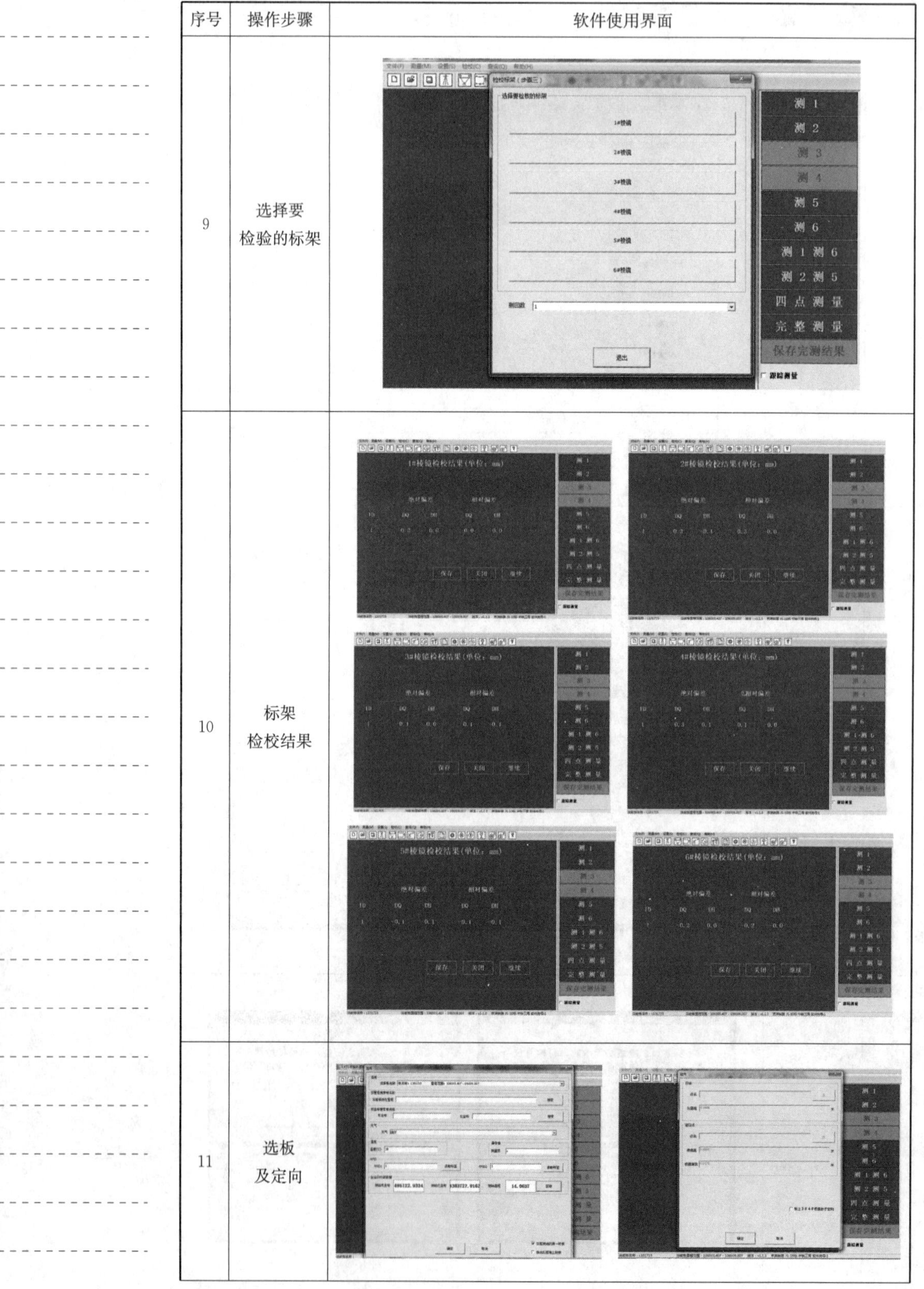

序号	操作步骤	软件使用界面
9	选择要检验的标架	
10	标架检校结果	
11	选板及定向	

续上表

序号	操作步骤	软件使用界面
12	定向结果	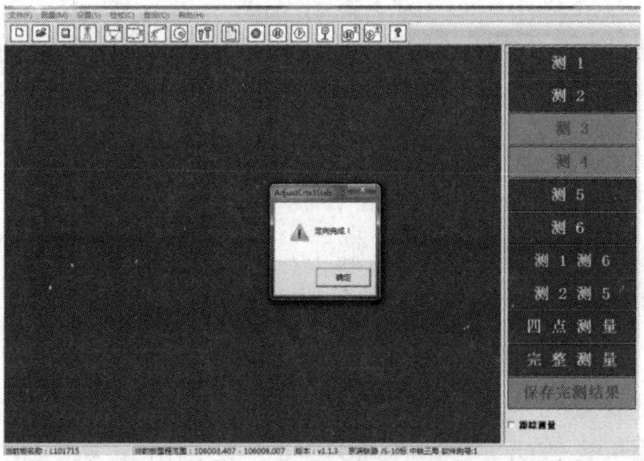
13	3号、4号标架参与定向搭接的结果	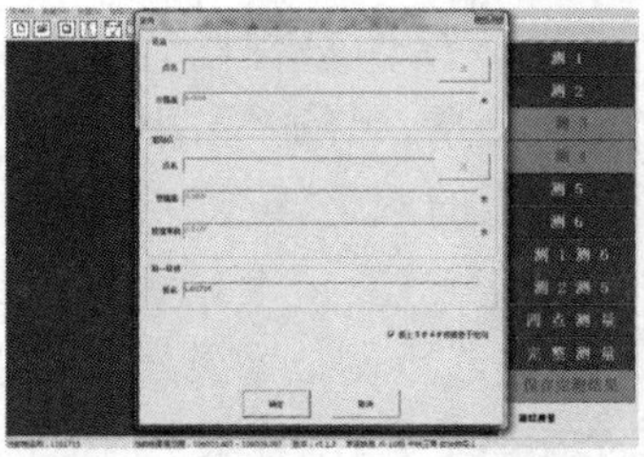 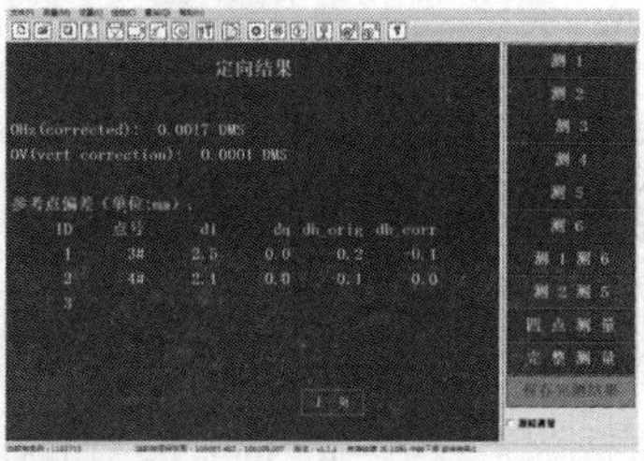
14	完整测量界面	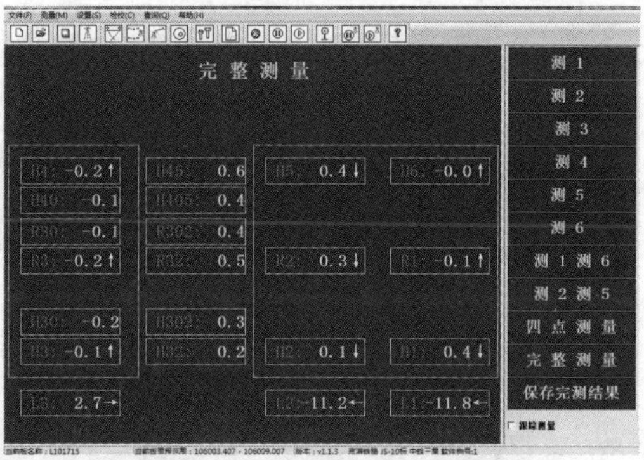

精调过程中，需事先输入设站和定向的已知 CPⅢ控制点坐标和板坐标文件。全站仪的定向在利用基准点作为定向点观测后，还必须参考前一块已铺设好的轨道板上的最后一个支点，以消除搭接误差。

仪器定向完成后进入精调系统界面，对轨道板上 4 个棱镜进行测量，通过软件计算设计数据与实测数据的对比得出每个标架的偏差值，根据偏差值使用精调扳手调整精调爪。

在直线段上精调时，平面和高程相互影响较小。为保证精调速度可以选择四点测量，即1 号、2 号、5 号、6 号，先了解轨道板整体粗铺情况，若平面在粗铺允许范围(10 mm)内，先调平面或高程都可以，但要保证两名施工人员要同时以相同的速度和频率拧动扳手。如果不同步，则会出现单边调整使一边受力过

笔记栏

笔记栏

大,产生崩板现象,破坏轨道板。在施工人员精调的过程中,可以完整测量一次,对四个点进行跟踪测量,不断观察施工人员扳手,边调边测,直至调到允许范围内。为保证数据精度可重新完整测量一次,在完测界面中有某点出现超限时,则可加以改正和单独复测,不必重新对所有棱镜进行复测。如果出现较大超限时就需进行改正,然后再对所有棱镜进行复测。当轨道板调整完毕、误差满足要求后,对轨道板实际安装位置数据进行备份。

在曲线段上精调时,平面和高程相互影响较大,为保证精调速度,第一次可完整测量。通过完整测量了解平面和高程哪个偏差较大,偏差较大的先调,调到与设计相差 3 mm 为宜,然后再调偏差较小的,这样循序渐进地边调边测,直至调到允许范围内。同一块板各棱镜读数要尽量保持"平顺",即在一块板内各棱镜纵向数据避免出现"凹凸",比如:1 号(或 6 号)镜+0.3 mm、2 号(或 6 号)镜−0.3 mm,或者 1 号(或 6 号)镜−0.3 mm、2 号(或 5 号)镜+0.2 mm;横向数据避免出现"扭曲",比如:1 号镜+0.3 mm,6 号镜−0.3 mm,2 号镜−0.3 mm,5 号镜+0.2 mm。当所有数据偏差相近时,四个精调位置就可以同时进行。调整完成后进行一次完整测量,当偏差值小于 0.5 mm 时轨道板调整完成,保存精调成果,转入下一轨道板的调整,重复以上工作。

设站完成后先调整高程,后调整横向位置。4 个精调支座各配置 1 名操作人员(图 4.2.6),作业时按照手簿显示数据或精调技术员发出的指令等方式进行轨道板调整,调整高程时注意避免单个支座受力,调整水平时需作业两侧同向调整。正常情况下调整 2~3 次即可到位。

图 4.2.6 精调工人现场调整

若延续已精调的轨道板连续作业,需对上一块轨道板进行搭接符合测量,相邻轨道板接缝处承轨台顶面相对高差不大于 0.5 mm,再精调下一块轨道板。

精调过程中,应采用水平靠尺对已完成精调的轨道板进行复核,测量板端高差间隙,高差小于 1.0 mm 为合格,可进行下一块轨道板精调。

两个测量段落相向合拢时,最后约 100 m 范围内应兼顾搭接控制,确保线性平顺。

轨道板调整完毕、误差满足要求后，及时储存测量数据。

精调后，在轨道板上放置“禁止踩踏”等警示标志，在轨道板上安装跨线栈桥，以避免踩踏、碰撞对精调结果产生影响。

(5)压紧装置安装

每块板精调完成后，采用压紧锁定装置进行锁定，按照两端各设一根，中间间距相等的布设条件进行下压，每块轨道板不少于5道，曲线段防侧移装置不少于3道，压紧装置固定在混凝土底座侧面的位置上，通过钻孔将压杠通过螺栓杆拧紧，防止轨道板浇筑时上浮。

再进行一次精调测量，若偏差满足限差要求可保存数据，本块板精调结束；若出现超限，应松开下压装置调整超限点，直至下压装置压紧后完测合格才可保存数据后搬站。

(6)自密实封边与轨道板固定

为保持精调成果，提高轨道板的精调质量和作业效率，宜在轨道板精调后24 h内完成板下自密实混凝土灌注。为此，可在精调一个段落(如:40块轨道板或单线200 m)后及时进行轨道板下自密实混凝土立模封边和轨道板固定作业，宜在精调班组未离开前进行轨道板复测。

(7)轨道板位置精度复测

轨道板精调后，因为没有及时灌注自密实混凝土(如:时间超过24 h或温差超过15 ℃)，以及受到外力扰动(如:封边压板、灌注自密实混凝土等)，可能对精调结果产生影响，在上述情况下应检查轨道板的位置精度。

CRTSⅢ型轨道板铺设精度复测可利用CPⅢ控制网自由测站方法进行。复测需注意以下几点：

①全站仪在CPⅢ网内进行自由设站，观测点不少于4个，测站精度一般控制0.7 mm(特殊情况不得大于1 mm)以内，定向精度控制在1.4″以内(特殊情况控制在2″之内)。

②使用1个标准标架对轨道板上的4个支撑点进行数据采集，具体采集方法为一站测量6～7块板(40 m左右为宜)，每一测站的板看作一个整体，用标准标架由远及近或者由近及远的顺序进行测量，路线为U字形。

③在换站测量时要搭接上一测站的1～2块板，以减少测站间的误差(在换站时最好测量搭接区轨道板坐标和上一站所测坐标进行比较，如相差较大则检查测站精度，并进行重新设站)。

④导出数据予以分析，必要时解除压板装置重新调整。

【思考与练习】

一、填空题

1. CRTSⅢ型板精调施工中调整到____________________时合格。

2. 当现场施工人员调整不同步，单边调整使一边受力过大，产生__________现象，破坏轨道板。

3. 为保证精调成果，提高轨道板的精调质量和作业效率，宜在轨道板精调后__________完成板下自密实混凝土灌注。

笔记栏

4. CRTSⅢ型板精调调整顺序为先调整__________,后调整____________。

二、问答题

1. 什么情况下需要进行复测?

2. CRTSⅢ型轨道板铺设精度复测的步骤是什么?

笔记栏

模块 5　道岔精调技术

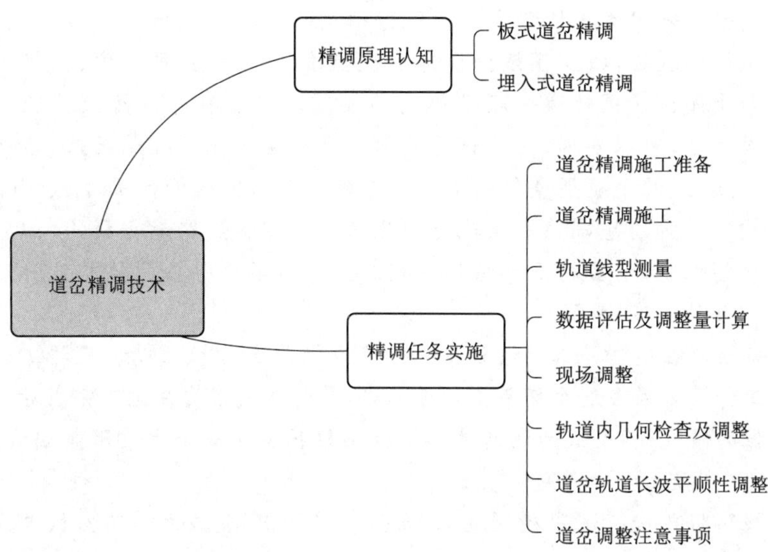

【学习目标】

知识目标：

1. 掌握高速铁路道岔的精调原理；
2. 掌握高速铁路道岔精调施工工序及方法；
3. 掌握高速铁路道岔精调仪器操作步骤；
4. 能够根据工程项目的要求，依据相关规范在现场进行精调作业。

能力目标：

1. 掌握全站仪自由设站方法；
2. 熟悉高速铁路道岔精调方法；
3. 熟悉高速铁路道岔精调软件操作方法；
4. 能够根据工程项目的要求，合理制定精调方案；
5. 具备正确查询、运用行业规范、标准的能力。

思政目标：

1. 学习我国自主研发技术，增强学生民族自豪感；
2. 认识精调设备，激发学生的自主创新思维；
3. 通过精调原理学习，培养学生精益求精的工作态度；
4. 善于与人沟通和交流，具有团队协作意识，善于总结经验。

笔记栏

任务1 精调原理认知

【任务描述】

在各种无砟轨道的线路条件中，道岔是轨道结构过渡的咽喉区，也是轨道平顺稳定控制的薄弱环节。

板式道岔采用道岔板替代传统轨道结构的轨枕和道床。一方面，岔区的结构基础得到加强，减少了残余变形对轨道维护的影响；另一方面，板式结构也更有利于保证岔区轨道平顺及稳定的控制。比较有砟道岔长枕埋入式道岔及板式道岔，可以发现，对于轨道几何状态的施工测量控制而言，已经由对轨枕间的点、线的平顺调整转而成为对道岔板及板间错台的面平顺调整。这样的结构对道岔的基础稳定及轨道的几何状态控制显然是有利的，但随之也带来了一些限制，道岔的下部结构在施工完成后不可以再调整并且道岔本身安装的调节量也变小了。

这就要求在道岔施工的过程中必须重点做好道岔板的精调及施工过程验收测量工作。如果在这个环节上处理不当，就会造成道岔在施工完成后出现无法调到位的情况，甚至成为高速铁路运行及维护上的一个重要限制因素，成为高速铁路建成后的一处“硬伤”。

某线路将要进行道岔精调施工，学习相关知识，完成无砟道岔板精调前的准备工作。

【引导问题】

引导问题1：高速铁路道岔精调的原理是什么？

引导问题2：道岔精调和普通线路精调的区别是什么？

笔记栏

【任务分组】

学生任务分配表见表 5-1-1。

表 5-1-1　学生任务分配表

<table>
<tr><td>班级</td><td></td><td>组号</td><td></td><td>指导老师</td><td></td></tr>
<tr><td>组长</td><td></td><td>学号</td><td></td><td></td><td></td></tr>
<tr><td>组员</td><td colspan="5"><table>
<tr><td>姓名</td><td>学号</td><td>姓名</td><td>学号</td></tr>
<tr><td></td><td></td><td></td><td></td></tr>
<tr><td></td><td></td><td></td><td></td></tr>
<tr><td></td><td></td><td></td><td></td></tr>
</table></td></tr>
<tr><td colspan="6">任务分工</td></tr>
</table>

【任务实施】

1. 板式道岔的精调通过专用的精调系统实现，原理是________________测定定位棱镜的________与其________的偏差，据此调整道岔板的位置，同轨道板的精调相比增加了________的内容。精调之前应检查好系统各部件的状态及规格。全站仪设站于________上，后视调板区尾端基准点，对设站________范围内的道岔板完成精调。

埋入式道岔精调测量工作采用________、________完成，条件允许时应采用________。精调原理和板式道岔相同，但由于道岔轨枕的可移动性，因此需增设____________。

2. 绘制板式道岔精调流程图。

3. 道岔板精调后验收测量内容：

(1)____

(2)____

笔记栏

4. 查阅规范，写出无砟道岔精调验收标准。

【评价反馈】

1. 学生进行自评(表 5-1-2)

表 5-1-2 学生自评表

评价项目	评价标准	分值	得分
道岔精调流程	能正确绘制道岔精调流程图	20	
道岔精调原理	能正确掌握无砟道岔精调原理	20	
精调验收内容	能准确掌握精调后的验收测量内容	10	
验收标准	能正确查阅规范，掌握道岔精调验收标准	10	
工作态度	态度端正，无迟到早退现象	10	
工作质量	能按计划完成工作任务	10	
协调能力	与小组成员、同学之间能合作交流，协调工作	10	
创新意识	通过学习道岔精调原理能更好地掌握高速铁路精调技术的相关知识与要点	10	
合 计		100	

2. 学生以小组为单位，对上述工作过程与结果进行互评(表 5-1-3)

表 5-1-3 学生互评表

评价项目	分值	等级								评价对象(组别)					
										1	2	3	4	5	6
计划合理	10	优	10	良	8	中	6	差	4						
方案准确	10	优	10	良	8	中	6	差	4						
团队合作	10	优	10	良	8	中	6	差	4						
组织有序	10	优	10	良	8	中	6	差	4						
工作质量	10	优	10	良	8	中	6	差	4						
工作效率	10	优	10	良	8	中	6	差	4						
工作完整	20	优	20	良	16	中	12	差	8						
工作规范	20	优	20	良	16	中	12	差	8						
合 计	100														

笔记栏

3. 教师对学生工作过程和结果进行评价(表 5-1-4)

表 5-1-4　教师综合评价表

班级：		姓名：		学号：	
任务 1		道岔精调原理认知			
评价项目		评价标准		分值	得分
考勤(10%)		无迟到、早退、旷课现象		10	
工作过程(60%)	道岔精调流程	能正确绘制道岔精调流程图		20	
	道岔精调原理	能正确掌握无砟道岔精调原理		20	
	精调验收内容	能准确掌握精调后的验收测量内容		10	
	验收标准	能正确查阅规范,掌握道岔精调验收标准		10	
	工作态度	态度端正,无迟到早退现象		10	
	协调能力	与小组成员、同学之间能合作交流,协调工作		10	
项目成果(30%)	工作完整	能按时完成任务		10	
	工作规范	能按规范步骤进行操作		10	
	工作报告	能准确掌握道岔精调原理		10	
合　计				100	
综合评价	自评(20%)	小组评价(30%)	教师评价(50%)	综合得分	

【相关知识】

道岔是轨道结构中一个较为关键环节,是高速列车从一条铁路轨道进入到另一条铁路轨道时的一个最为关键线路设备,也是轨道平顺稳定控制的薄弱环节。因此道岔精调比一般线路精调要更复杂更精细。

根据高速铁路施工方法,高速铁路道岔可以为板式和埋入式两种形式(图 5.1.1和图 5.1.2)。板式道岔是指通过线路设计,得到道岔的尺寸和型号,提前在板场预制完成道岔板,通过运输在现场拼装而成。埋入式道岔是传统道岔形式,根据设计道岔数据,预制轨枕后在现场组装拼接,进一步浇筑混凝土形成整体道岔。二者在精调工序上有所不同。

26.道岔结构介绍

27.板式道岔施工精调

28.长枕埋入式道岔精调

29.高速道岔结构检查

图 5.1.1　板式道岔

图 5.1.2　埋入式道岔

板式道岔的精调通过专用的精调系统实现，原理是根据已知点(基准点)测定定位棱镜的实际位置与其设计位置的偏差，据此调整道岔板的位置，同轨道板的精调相比增加了纵向调节的内容。精调之前应检查好系统各部件的状态及规格(全站仪及棱镜加常数的检测、使用标件的检测以及目标棱镜的量高等)。设站于基准点上，后视调板区尾端基准点，对设站 6.5～25 m范围内的道岔板完成精调。

埋入式道岔精调测量工作采用高精度水准仪、全站仪完成，条件允许时应采用轨检小车。精调原理和板式道岔相同，但由于道岔轨枕的可移动性，因此需增设加密基标。

1.板式道岔精调

为了满足道岔板的制板及铺设精度，在道岔设计、制造及铺设时会使用不同的坐标系。道岔板上孔位众多，一般包括扣件孔位、精调棱镜孔位、转折机位及板角点等。为了保证单块道岔板的制造精度，每个道岔板在设计时都定义了自己的坐标系统，各孔位均有自己的道岔板坐标系坐标。板式道岔精调首先要做的就是把道岔坐标系转化为施工坐标系，再利用轨道基准点，将道岔板铺设到设计位置。

1)道岔板精调流程

一般情况下，精调道岔板按照专用精调系统的程序来执行，常规的精调流程是：

(1)先调整 4 个角点定位孔高度，使角点处于同一高程面上(角点间高程差小于 1 mm)。

(2)对道岔板进行平整度和钻孔精度的检核，并计算定位孔修正值(长板以直股一侧两点为基准，检核曲股一侧 2 点，短板测量对角线，修正计算 4 点调整后的最优位置)。

(3)整体测量，获得 4 个角点的位置偏差，精调至偏差达标为止。

(4)调整板中部高程后，重复第(3)步，直至道岔板平面、高程、纵向精调结果达标。

(5)整体测量，检核精调成果数据以及与上一块板的搭接情况。

道岔板精调实测与设计偏差应满足：纵向偏差不大于 0.3 mm，横向偏差不大于 0.3 mm，竖向偏差不大于 0.3 mm。

2)道岔板验收测量

道岔板精调后验收测量的目的是测量各定位孔棱镜的三维坐标，获得实测值与理论值的偏差量，判断是否达到铺设精度要求。测量内容包括两个部分。

(1)道岔板在扣压限位装置安装及封边工作完成后，应完成一次验收测量。测量采用轨道基准点定向，方法及验收指标与精调时的整体测量一致，验收测量成果全部达标后才可进行灌注作业。

(2)道岔板在拆除限位及封边装置后，需要对其安装精度再次完成检验。测量采用前后 4 对 CPⅢ点进行设站、定向，测量定位孔棱镜的三维坐标，测站之间应至少搭接一块道岔板，以计算板间的搭接偏差。

笔记栏

每块道岔板允许偏差:横向不大于 1 mm,纵向不大于 3 mm,竖向不大于 1.5 mm;板间搭接允许偏差:横向不大于 1 mm,竖向不大于 1.5 mm。

每块道岔板的定位偏差可由验收测量值与理论设计值的坐标差转换求解;相邻板点位定位偏差之差即为板间搭接偏差,道岔板与相邻正线轨道板的搭接偏差也用同样的方法计算。若定位孔验收测量值为(X_i,Y_i,Z_i),理论设计值为(x_i,y_i,z_i),那么定位孔偏差$(\Delta x_i,\Delta y_i,\Delta z_i)$可按下式计算。

$$
\begin{aligned}
\Delta x_i &=(X_i-x_i)\sin\alpha+(Y_i-y_i)\cos\alpha \\
\Delta y_i &=(X_i-x_i)\cos\alpha-(Y_i-y_i)\sin\alpha \\
\Delta z_i &=Z_i-z_i
\end{aligned}
\tag{5.1.1}
$$

式中　α——道岔方位角。

3)道岔板精调及验收测量注意事项

(1)精密控制网的测设

道岔板在铺设前所处区段的沉降应该趋于稳定且轨道控制网(CPⅢ网)测设已经完成,道岔板不应与轨道控制网的搭接区段临近。

道岔板区域的轨道基准点应考虑与前后正线调整区内的轨道基准点统一搭接平差处理;处于道岔关键区域的轨道基准网应在一站内完成测设(每测站距离不大于 80 m),且道岔两端头不宜处于基准网测量的搭接区内;存在渡线的道岔板铺设区段,应检测两侧基准点的相对偏差,偏差大于 2 mm 时应重新观测基准网。

(2)道岔板精调及验收测量

道岔板施工坐标转换选择基准点需要用到线路里程及线路参数。线路里程必须使用设计提供的贯通里程,不可采用包含断链的施工里程。

为保证道岔板在铺设后与前后线路的平顺搭接,道岔前后应预留不少于 200 m 的无砟轨道,待道岔板铺设完成后再组织施工。岔前、岔尾可精调不少于 5 块的正线轨道板并安装好扣压限位装置,与精调后的道岔板整体完成验收测量(只精调搭接,不施工),确保道岔及前后线路的平顺。

道岔板精调及验收测量的全过程应选择较好的观测环境与气象条件,且周围不能有大的荷载影响,尤其注意不能出现大型吊装机械处于梁体中部的情况;精调前应先取掉中间位置的精调爪,当两端位置调整完成后,再安装中间的精调爪进行调整;调整横向和纵向位置时,一定要同步进行,否则,容易造成精调爪损坏或轨道板崩裂;在调整中间高程时两端必须同步进行,否则,容易造成板位置翘曲及定位孔点位超限。

2.埋入式道岔精调

1)测量要求

埋入式道岔区应在岔心、岔前、岔后位置及道岔前后 100～200 m 范围内增设控制基桩,其位置一般在直股和曲股的两侧,按坐标直接测设,也可按岔心和直股与曲股线路方向测设,并应埋置永久性桩位。

道岔控制基桩在底座或支撑层混凝土上施测,并根据控制基桩测设岔前、岔心、岔后点位中线控制点,直股应布置不少于 5 个,侧股不少于 2 个。在道岔

笔记栏

两侧设置加密基桩控制道岔区线路精确调整。

道岔放样测量时,应先复测道岔控制基桩,再按战场设计图进行道岔桩位放样。站场内的各组无砟道岔宜一次测设完成,并复核道岔间相互位置。

站线无砟轨道的测量宜与道岔同时进行,误差的调整应在站线测量中消除。道岔两端应预留不小于 200 m 的长度作为道岔和区间衔接测量的调整距离。道岔与区间无轨道衔接时,应以道岔控制基桩为依据进行调整。

道岔控制基标测量前,按《标准轨距铁路道岔技术条件》(TB/T 214—2014)相关规定的要求组织测量人员对 CPⅢ点复核测量结果与线下施工单位接收的测量成果满足技术条件的限差要求时,直接采用线下施工单位交接的测量成果;如不满足限差要求,则上报监理单位,和线下施工单位组成联合测量组,对 CPⅢ点进行复测。

对底座混凝土各项尺寸进行验收。

依据经复测后的 CPⅢ控制点采用全站仪自由设站测设道岔控制基标。

复核道岔中心控制基桩的中线、里程和高程,检查路面高程,复测岔前、岔后直股、侧股控制基桩。

站场内的各组无砟道岔宜一次测设完成,并复核道岔间相互位置。

站线无砟轨道的测量宜与道岔同时进行,道岔与区间或站线无砟轨道衔接时应以道岔控制基桩为依据进行调整,误差的调整应在站线测量中消除。

根据确定的施工方案,落实施工机具设备,并做好铺设道岔基地、施工便道等临时工程的建设。

2)道岔精调技术要求

道岔板精调作业步骤:

(1)将道岔板上的设计坐标转换为精调用的大地坐标;

(2)用强制对中三脚座在基准点上架设全站仪和后视点棱镜;

(3)用后视点棱镜和已调道岔板上的定位棱镜两盒定向;

(4)测量道岔板上 4 个(或 6 个)棱镜;

(5)计算待调道岔板的调整量,用三维调整机具调整道岔板;

(6)重复精调作业步骤(4)、步骤(5)直至复合道岔板铺设允许偏差的规定。

精调作业应符合下列要求:

(1)全站仪设站应使用强制对中三脚座;

(2)测站点坐标应为强制对中的基准点坐标;

(3)调整第一块道岔板时,应采用相邻道岔板的基准点定向,以后每块道岔板的调整,应以调整到位道岔板直股侧的定位棱镜和基准点进行联合定向;

(4)道岔板精调作业允许偏差应符合表 5.1.1 的规定:

表 5.1.1 精调时道岔板控制偏差

项目	纵向	中线	高程	相邻道岔板承轨面相对横向偏差及高差
允许偏差(mm)	±0.3	0.3	±0.3	0.3

(5)为防止砂浆灌注时道岔板上浮和侧移,应安装和使用地锚及扣压装置。

笔记栏

【思考与练习】

一、计算题

某线路一道床板定位孔验收测量值坐标为(39 251 152,1 156 925,1 009),理论设计值为(39 251 146,1 156 884,1 025),求定位孔偏差值(道岔方位角 $\alpha=125°35'20''$)。

二、填空题

1. 根据高速铁路施工方法,高速铁路道岔可以为两种形式,即________和________。

2. 道岔板在铺设前所处区段的沉降应该________且轨道控制网(CPⅢ网)测设已经完成,道岔板不应与轨道控制网的________临近。

3. 每块道岔板在粗铺定位后,允许偏差:横向________,纵向________,竖向________;板间搭接允许偏差:横向________,竖向________。

4. 埋入式道岔精调前,应在道岔区岔心、岔前、岔后位置及道岔前后________范围内增设控制基桩,其位置一般在直股和曲股的________,按________直接测设,也可按________线路方向测设,并应埋置________。

三、问答题

1. 对比分析板式道岔和埋入式道岔精调前测量准备工作有何不同?

2. 思考道岔还可以怎么分类?

任务2　精调任务实施

【任务描述】

郑西高速铁路于2010年2月6日开通。运用一段时间后道岔的状况发生了一些变化,尤其是在春秋季,昼夜温差较大时,多组道岔发生了不解锁的现象。然而利用天窗点上道检查试验时,该道岔却扳动正常,试验良好。经过认真分析认为,是道岔运用一段时间后各种机械特性发生了变化,夜间天窗作业时环境温度最低,道岔各部构件处于收缩最大状态,维修人员为了满足道岔的密贴指标(小于0.5 mm),盲目增加道岔压力,到了白天气温最高时,道岔各部构件处于膨胀最大状态,致使道岔密贴时反弹力增大,以至于发生了上述不解锁现象。

学习相关知识,完成道岔精调任务。

【引导问题】

引导问题1:道岔精调的重要性是什么?

____

____

____

笔记栏

引导问题 2:道岔精调施工的准备工作有哪些?

引导问题 3:道岔精调施工的验收标准是什么?

【任务分组】

学生任务分配表见表 5-2-1。

表 5-2-1 学生任务分配表

<table>
<tr><td>班级</td><td></td><td>组号</td><td></td><td>指导老师</td><td></td></tr>
<tr><td>组长</td><td></td><td>学号</td><td></td><td></td><td></td></tr>
<tr><td rowspan="4">组员</td><td>姓名</td><td>学号</td><td>姓名</td><td colspan="2">学号</td></tr>
<tr><td></td><td></td><td></td><td colspan="2"></td></tr>
<tr><td></td><td></td><td></td><td colspan="2"></td></tr>
<tr><td></td><td></td><td></td><td colspan="2"></td></tr>
<tr><td colspan="6">任务分工</td></tr>
</table>

【任务实施】

1. 工具和材料准备

提示:作业前清点作业工具及材料,确认工具及材料是否齐全,是否完好,性能是否可靠。

工具及材料名称	数量	作业前检查结果

笔记栏

2. 技术准备

在道岔进行精调前，施工单位已经完成了以下施工任务：

(1)________________________________；

(2)________________________________；

(3)________________________________；

(4)________________________________；

(5)________________________________；

(6)________________________________；

(7)________________________________；

(8)________________________________；

(9)________________________________；

(10)________________________________；

(11)________________________________。

3. 道岔精调关键步骤

序号	描述步骤的主要内容

4. 道岔现场调整结果

道岔轨枕号	调整前	调整后	备注

笔记栏

【评价反馈】

1. 学生进行自评(表 5-2-2)

表 5-2-2 学生自评表

评价项目	评价标准	分值	得分
工具及材料准备	能正确检查道岔精调设备及工具	10	
技术准备	能准确掌握精调前施工技术内容	10	
精调实施	能正确完成道岔精调步骤	20	
现场调整	能利用精调数据进行现场道岔调整	20	
工作态度	态度端正,无迟到早退现象	10	
工作质量	能按计划完成工作任务	10	
协调能力	与小组成员、同学之间能合作交流,协调工作	10	
创新意识	通过学习道岔精调实施步骤能更好地掌握高速铁路精调技术的相关知识与要点	10	
合 计		100	

2. 学生以小组为单位,对上述工作过程与结果进行互评(表 5-2-3)

表 5-2-3 学生互评表

评价项目	分值	等级								评价对象(组别)					
										1	2	3	4	5	6
计划合理	10	优	10	良	8	中	6	差	4						
方案准确	10	优	10	良	8	中	6	差	4						
团队合作	10	优	10	良	8	中	6	差	4						
组织有序	10	优	10	良	8	中	6	差	4						
工作质量	10	优	10	良	8	中	6	差	4						
工作效率	10	优	10	良	8	中	6	差	4						
工作完整	20	优	20	良	16	中	12	差	8						
工作规范	20	优	20	良	16	中	12	差	8						
合 计	100														

笔记栏

3. 教师对学生工作过程和结果进行评价(表 5-2-4)

表 5-2-4　教师综合评价表

<table>
<tr><td colspan="2">班级：</td><td colspan="2">姓名：</td><td colspan="2">学号：</td></tr>
<tr><td colspan="2">任务 2</td><td colspan="4">道岔精调任务实施</td></tr>
<tr><td colspan="2">评价项目</td><td colspan="2">评价标准</td><td>分值</td><td>得分</td></tr>
<tr><td colspan="2">考勤(10%)</td><td colspan="2">无迟到、早退、旷课现象</td><td>10</td><td></td></tr>
<tr><td rowspan="6">工作过程(60%)</td><td>工具及材料准备</td><td colspan="2">能正确检查道岔精调设备及工具</td><td>10</td><td></td></tr>
<tr><td>技术准备</td><td colspan="2">能准确掌握精调前施工技术内容</td><td>10</td><td></td></tr>
<tr><td>精调实施</td><td colspan="2">能正确完成道岔精调步骤</td><td>20</td><td></td></tr>
<tr><td>现场调整</td><td colspan="2">能利用精调数据进行现场道岔调整</td><td>20</td><td></td></tr>
<tr><td>工作态度</td><td colspan="2">态度端正，无迟到早退现象</td><td>10</td><td></td></tr>
<tr><td>协调能力</td><td colspan="2">与小组成员、同学之间能合作交流，协调工作</td><td>10</td><td></td></tr>
<tr><td rowspan="3">项目成果(30%)</td><td>工作完整</td><td colspan="2">能按时完成任务</td><td>10</td><td></td></tr>
<tr><td>工作规范</td><td colspan="2">能按规范步骤进行操作</td><td>10</td><td></td></tr>
<tr><td>工作报告</td><td colspan="2">能准确掌握道岔精调实施步骤</td><td>10</td><td></td></tr>
<tr><td colspan="4">合　计</td><td>100</td><td></td></tr>
<tr><td rowspan="2">综合评价</td><td>自评(20%)</td><td>小组评价(30%)</td><td>教师评价(50%)</td><td colspan="2">综合得分</td></tr>
<tr><td></td><td></td><td></td><td colspan="2"></td></tr>
</table>

【相关知识】

埋入式道岔因其调节性较强，目前应用广泛，以下以埋入式道岔为例讲解精调施工过程。

1. 道岔精调施工准备

(1)组建道岔轨道线型调整测量组，包括 1 名测量工程师和若干名测量工，测量组能正确进行道岔轨道线型测量的计算、实施、数据分析和调整量计算。

(2)配备经校验合格的测量仪器，包括全站仪、电子水准仪、轨检小车及配套棱镜、道尺、弦线绳、支距尺、方尺等工具。

(3)配备道岔轨道线型调整作业组，包括作业工长、工程技术员和若干线路工。

(4)配备不同规格的调整扣件，包括偏心锥、调高垫片、间隙片和滑床板调整件。

30.高速道岔工务精调

(5)完成 CPⅢ基准测量网的复测和贯通测量，并提供合格的结果报告，将测量结果及道岔轨道线型数据输送轨检小车。

2. 道岔精调施工

在道岔进行精调前，施工单位已经完成了以下施工任务：

(1)无砟轨道铺设条件评估。

(2)CPⅢ交接和复测。

(3)测量定位。

(4)道岔组装、初定位。

笔记栏

(5)组装调试平台。

(6)摆放岔枕。

(7)道岔初调(图 5.2.1)。

(8)安装侧向支撑,对轨排横向进行调整。

(9)安装竖向支撑螺栓,对轨排高程进行调整。

(10)横向支撑安装及横向调整。

(11)地锚钢筋设置。

图 5.2.1 道岔粗调

道岔初步铺设完成后,应及时检查其铺设精度和定位偏差,是否在允许范围之内,否则将会增加精调工作量,降低精调效率。根据《高速铁路轨道工程施工质量验收标准》(TB 10754—2018)道岔铺设主要结构尺寸允许偏差见表 5.2.1。

表 5.2.1 道岔铺设主要结构尺寸允许偏差

序号	检验项目	允许偏差(mm)
1	轨距	±1,逐枕测量
2	支距	±1
3	尖轨其余部分与基本轨的间隙	<1.0
4	尖轨轨腰与顶铁的间隙	<1.0
5	尖轨轨底与滑床台的间隙	<1.0,且 1.0 mm 缝隙不应连续出现
6	转辙器部分最小轮缘槽宽度	≥65
7	心轨其余部分与翼轨的间隙	<1.0
8	尖轨(心轨)各控制断面(轨头宽度大于 15 mm)相对基本轨(翼轨)顶面的降低值	±1.0
9	心轨轨底与台板的间隙	<1.0
10	心轨轨腰与顶铁的间隙	<1.0
11	密贴状态下,尖轨轨底和辊轮的间隙 Δ_1	$1\leqslant\Delta_1<2$
12	斥离状态下,尖轨轨底和滑床台板的缝隙 Δ_2	$1\leqslant\Delta_2<3$
13	尖轨限位器两侧间隙值	±0.5(焊联前测量)
14	尖轨各牵引点处开口值	±3
15	可动心轨辙叉第一牵引点处开口值	±1
16	心轨实际尖端至直股翼轨趾端的距离	+4 0
17	护轨轮缘槽宽度	+1.0 −0.5
18	牵引点位置岔枕间距极限偏差	+5 0
19	岔枕位置	±5,累计±10
20	道岔全长	18 号道岔±10 大于 18 号道岔±20

道岔应按设计定位,允许偏差见表 5.2.2。

笔记栏

表 5.2.2　道岔定位允许偏差

序号	检查项目	允许偏差(mm)
1	轨面标高	0 −5
2	中线	5

所有安装工作完成后,开始做道岔精调工作。道岔精调流程图如图 5.2.2 所示。

1)道岔一次精调

道岔一次精调测量工作采用安伯格 GRP1000 轨检小车、徕卡 1201＋全站仪完成。采用 6～8 个 CPⅢ点和经监理部门认可的轨道检测小车进行全面检查整修(精调),设站坐标分量中误差不应大于0.7 mm,定向中误差不应大于 1.4″。

调整方法:调整顺序为道岔组装完成后,按照顺序道岔轨向高低调整—道岔水平与轨距调整—道岔各部密贴与间隔来调整道岔。

(1)道岔轨向与高低调整

根据轨检小车检测数据确定精调数值调整定位螺栓丝杆高度,精调起平道岔。

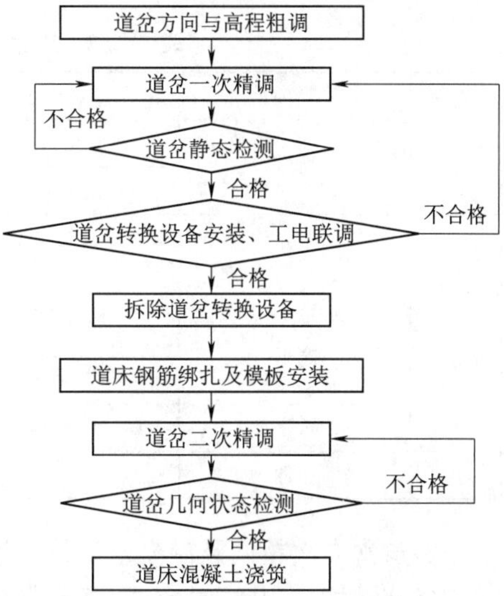

道岔方向与高程粗调
道岔一次精调
道岔静态检测
不合格
合格
道岔转换设备安装、工电联调
不合格
合格
拆除道岔转换设备
道床钢筋绑扎及模板安装
道岔二次精调
道岔几何状态检测
不合格
合格
道床混凝土浇筑

图 5.2.2　道岔精调作业流程图

不同测站的重复测量应不少于 8 根轨枕,重复测量偏差应小于 2 mm,平顺度搭接长度不大于 1 mm/10 m的变化率,并在下一站测量区间顺接。

以直股为基准调整道岔轨向。直线尖轨工作边的直线度,密贴段每米不大于 0.2 mm,全长不大于2 mm。曲线尖轨圆顺平滑无硬弯。

可动心轨辙叉直股工作边直线度为 0.2 mm/m,全长(可动心轨尖端前 500 mm至弹性可弯中心后 500 mm)直线度为 2 mm,心轨尖端前后各 1 m 范围内不允许抗线。可动心轨辙叉曲股工作边曲线段应圆顺,不允许出现硬弯。

道岔的高低通过起道、落道来调整,使道岔高低差满足技术标准要求。

(2)轨距与水平调整

调整时应以直基本轨一侧为基准,按照先调支距再调轨距的步骤进行,使尖轨跟端起始固定位置支距、尖轨跟端支距和导曲线支距允许偏差符合设计要求。

通过轨检小车对道岔轨面逐点测量,确定道岔高程调整数值,精调起平道岔。轨面高程精调确定后,道岔高低、水平不超过设计限值。滑床台板坐实坐平,垫板与台板的间隙不超标。

(3)道岔各部密贴、间隔调整

通过增减顶铁调整片,调整尖轨、心轨顶铁间隙,并同时调整轨距、支距相

笔记栏

结合，确保尖轨与基本轨密贴，可动心轨在轨头切削范围内应分别与两翼轨密贴，开通侧股时，叉跟尖轨尖端与短心轨密贴。结合道岔高低、水平的调整，使尖轨或可动心轨轨底与台板间隙不超标。调整限位器位置使两侧的间隙值对称均匀并满足技术要求。轨撑的顶面与翼轨轨头下颚密贴。

通过调整扣件使尖轨跟端支距、辙叉趾跟端开口、护轨轮缘槽宽度、查照间隔满足要求。

精细调整完毕，安装道岔尖轨、可动心轨电务转辙机构，进行工电联调。

道岔精细调整到位后，指标应符合表 5.2.3 的规定。

表 5.2.3　正线道岔静态铺设精度

序号	检验项目	允许偏差(mm)	备注
1	轨距	±1	逐枕测量
		1/1 500	变化率
2	轨向	2	弦长 10 m
		2	30 m 弦 5 m 校核(0 轨道几何状态测量仪)
3	高低	2	弦长 10 m
		2	30 m 弦 5 m 校核(0 轨道几何状态测量仪)
4	水平	2	逐枕测量
5	扭曲	2	基线长 3 m

2)道岔二次精调及混凝土浇筑前检查

(1)转辙器安装调试完成，且在转辙器拆除后、道床板混凝土浇筑施工前，对道岔系统进行二次精调。

(2)道岔二次精调，采用轨检小车检测道岔方向、高低、水平、轨距等几何形位指标。根据轨检小车检测数据确定精调数值(精调偏差见一次精调偏差表)。

(3)随轨检小车移动，根据检测反馈数值逐点对道岔水平、方向进行微调定位(图 5.2.3)。具体步骤如下：

图 5.2.3　混凝土浇筑后精调检测记录

①调整支撑螺杆高度、精调起平道岔。道岔高低、水平不超过设计限值。

滑床台板坐实坐平，垫板与台板的间隙不超标。

②调整侧向支撑丝杆，对道岔方向超限点作局部精调。直股工作边直线度符合规定指标、曲股工作边曲线段应圆顺无硬弯。

③调整轨距、支距。使尖轨检测点支距和导曲线支距允许偏差符合设计要求。

④调整尖轨、可动心轨密贴和顶铁间隙。保证密贴段密贴良好、间隙值不超限。

笔记栏

3. 轨道线型测量

(1)采用轨检小车测量道岔轨道线型，在道岔线型短波调整阶段，轨道线型的测量范围包括道岔及前后各 30 m 范围，直向和曲向同时测量。

(2)每次测量时全站仪依据 CPⅢ基准测量网按后方交会法在轨道中线位置建立空间坐标体系，轨检小车置于两轨道上，对每对扣件螺栓对应的轨道位置进行逐点测量，为保证测量数据的准确性，全站仪距轨检小车的距离在 5～80 m，两次设站时测量的搭接区不小于 5 个点，且搭接区应避开转辙器及辙叉区，同时轨检小车的主轴应始终保持在一个方向，通常是直向的直尖轨侧和曲向的曲尖轨侧。

(3)道岔直向轨道线型测量。将道岔尖轨、心轨转至直向位置并锁闭。轨检小车使用道岔直向轨道线型设计完成道岔直向线型测量。

(4)道岔曲向轨道线型测量。将道岔尖轨、心轨转至直向位置并锁闭。轨检小车使用道岔直向轨道线型设计完成道岔直向线型测量。

(5)为方便道岔直向、曲向线型测量数据与现场的对照检查，测量时应对每 1 对承轨台位置按岔枕编号的方式进行标记。

(6)测量完成后，通过轨检小车系统可直接得到单独的道岔直向、曲向线型数据，每个数据可直接显示轨道的绝对高程、方向、轨距、水平以及 30 m、150 m 的方向短长波和高低短长波。

线型调整完成后即可灌注自密实混凝土，此时道岔板位置允许偏差应符合表 5.2.4 的要求。

表 5.2.4　自密实混凝土灌注完成后道岔板位置允许偏差

项目	纵向	中线	高程	相邻道岔板承轨面相对横向偏差及高差
允许偏差(mm)	±3	1.5	±1.5	1

4. 数据评估及调整量计算

(1)数据评估

道岔线型的轨检小车测量数据可直接通过轨检小车测量数据报表进行评估，评估的标准可提前输入轨检小车软件系统。

由于输入轨检小车系统的轨道设计线型没有反映道岔转辙器 FAKOP 区轨距加宽值，因此轨检小车测量显示结果是全部超差。该段线路轨距需要对比设计值与实测值之差单独评估。

道岔辙叉区属结构特殊位置，其轨道轨距、方向应优先直向兼顾曲向的原则单独评估。

直向、曲向线型数据应对照评估，当直向线型良好，对应的曲向线型有超差

笔记栏

时，应做对照分析。若不在同一弹性基板位置，应按不合格评估；在同一个承轨台位置，则需要综合直向、曲向的方向偏差，以优先直向兼顾曲向的原则酌情判定是否合格。

线型评估还应结合调整量计算综合判定。

(2)调整量计算

道岔轨道线型良好，超差点少，可凭经验值直接判定道岔线型调整量。除此之外，应使用专门的软件对轨道线型进行调整。道岔轨道线型超差调整量计算时，应将横向、轨距、方向和高程、水平、高低分开计算。

使用专业的道岔调整量计算程序，将道岔直向、曲向分别输入计算程序列表，再在计算程序列表所示的调整区内输入计划调整量，此时，列表可实时反映道岔调整后轨道线型数值，通过不断输入计划调整量，即可得出最优化的轨道线型，即超差点最少、超差值最小。此时，使用计算程序可输送一份对照原有调整件基础上的调整量清单，施工现场对照调整量清单即可开展轨道线型调整工作。

道岔线型横向、轨距、方向的调整量计算应遵循“先保证直股，再兼顾曲股；转辙器及辙叉区少动，两端线路顺接”的原则。

轨道线型高程、水平、高低调整量计算与横向、轨距、方向调整量计算方法相似。

5. 现场调整

现场按“先方向，后水平；先直股，后曲股；先整体，后局部”的原则，道岔方向调整的同时，应消除钢轨外侧与弹性基板挡肩间隙。

(1)第一阶段：除调整直基本轨方向外，不需要计算量调整清单。

①对照调整量清单，将道岔尖轨、心轨转到直向位置，优先调整道岔直基本轨的岔前缝及与导轨相连的位置，为道岔转辙器调整确定基本方向。

②沿道岔直基本轨外侧沿转辙器全长范围安装并张拉 30 m 以上的钢弦线，使用钢板尺检查每个扣件螺栓处弦线距 FAKOP 区拉槽的距离，对偏差超过 1 mm 的点通过更换偏心锥的方式予以调整。

③对照设计图，使用支距尺检查曲基本轨与直基本轨间距，对偏差超过 1 mm的点通过更换偏心锥的方式调整曲基本轨方向。

④利用塞尺检查曲尖轨与直基本轨、直尖轨与曲基本轨间隔铁间隙，对间隙超过 1 mm 的点进行调整。调整的方法：首先调整两尖轨尖端平齐，其次使辙叉跟端以远尖轨外侧与弹性基板挡肩密贴，调整时可在尖轨内侧与弹性基板挡肩间加入间隙片，但间隙片不得加在尖轨外侧与弹性基板挡肩之间。

⑤用轨距尺检查转辙器区段直向轨距，对偏差超过 1 mm 的点通过更换偏心锥的方式调整曲基本轨及直尖轨方向。

⑥根据调整量清单完成调整直基本轨后导轨的方向调整，其控制方法是先检查并记录调整曲基本轨及直尖轨方向。

⑦30 m 钢弦线向岔后方向平移，两次布线至少有 10 m 搭接区，使用钢板尺检查每个扣件螺栓处弦线距导轨外侧的距离，对偏差超过 1 mm 的点通过更换偏心锥的方式予以调整。

笔记栏

⑧以直向轨距控制完成对尖轨后导轨方向的调整，以支距控制完成对曲向尖轨后导轨方向的调整，以曲向轨距控制完成对曲向基本轨后导轨方向的调整。

⑨辙叉区原则上不做调整，这在调整量计算时已经考虑。

⑩直向调整时，同时完成道岔前 10 m 及道岔后 30 m 线路方向的调整，方法同前。

⑪直向调整完成后，将道岔尖轨、心轨转到曲向位置。

⑫通过轨距检查核对转辙器区段轨道线型质量，通常情况下直向调整到位，轨距值偏差不会超出设计范围。

⑬通过轨距控制完成对辙叉区段曲向基本轨后导轨方向的调整。

按上述方法完成道岔后 30 m 线路方向的调整。

调整完成后，使用轨检小车复测道岔轨道线型数据，并评估和计算新的线型调整量。

(2)第二阶段调整：对照调整量清单，逐一完成对轨距、方向超差点的调整。

①对照调整量清单，按直接更换偏心锥的方式完成拟定的轨距、方向超差点的调整，通过 30 m 弦线、支距尺和轨距尺检查调整效果。

②每调整完成一次，即用轨检小车复测道岔轨道线型数据，评估和计算新的线型调整量，再重新调整，再复测，直到评估结果显示道岔轨距、方向合格。

③在道岔轨距、方向调整完成后，依据新的道岔轨道线型数据计算道岔高度、水平、高低调整量，现场调整时仍按“先直向，后曲向”分别调整，同样是一个调整、复测、再评估、再调整、再复测的过程，直到轨道线型数据合格，调整道岔高度、水平、高低的同时，须兼顾调整道岔方向、轨距等新出现的超差点。

④高程调整时，以尖轨侧为基准轨，对照调整量清单直接更换调高垫片，以水平变化值控制调整量，之后再用电子水准仪复测调整效果，不合格处重复调整及复测，最后再以水平控制完成另一股钢轨水平的调整。

⑤调整曲向高程时，道岔直向与曲向高程在转辙器区和辙叉区是一致的，加辙叉区则以直向高程控制曲向高程，导轨段可自由调整。

通过 3～4 次的反复调整，即可使道岔的轨道线型测量数据评估合格。

6. 轨道内几何检查及调整

道岔轨道内几何的检查和调整部位包括：尖轨与基本轨密贴，尖轨与滑床板密贴，尖轨跟端限位器等。

①尖轨与基本轨密贴及尖轨跟端限位器调整，前面已述。

②尖轨与滑床板间存在较大间隙的调整，应优先使用调高垫板，然后用滚轮调整片调整。

③道岔轨道内几何状态的检查和调整，可以安排在道岔线型调整的后期(即调整量较少、较小时)与道岔线型调整同步进行，每次轨道线型调整完成后，同步检查和调整道岔轨道内几何状态。

道岔轨道线型最终评估合格，是建立在道岔轨道线型测量数据和道岔轨道内几何都合格的基础上。

笔记栏

7. 道岔轨道长波平顺性调整

在道岔轨道短波平顺性调整合格的基础上，结合道岔前后轨道线型调整，完成对道岔轨道长波平顺性的调整，其调整的工作主要在区间线路，原则上道岔区不调整大的方向和高低。

根据大号无砟道岔轨道线型调整质量验收标准。

根据无砟道岔特点，并结合道岔轨道线型调整、动力学测试数据计试验列车运行状态，无砟道岔正线静态铺设精度应符合静态验收标准要求，见表 5.2.3。

8. 道岔调整注意事项

(1)道岔轨道线型调整是非常精细的工作，需要高素质施工人员，并经过严格的专业培训，所用的设备和工具精度要有保证，并定期检查标定。

(2)施工前，须做好充分的施工准备，人员、机具、材料必须一次准备到位，合理安排交通工具及作业量。

(3)施工时，应尽量少松动钢轨扣件，调整方向时连续松动不超过 5 个承轨台，调整高低时连续松动不超过 10 个承轨台，同时作业的两个精调组应相距 50 m 以上，实测轨温不大于35 ℃时停止线上作业。

(4)轨道线型调整时，同时消除钢轨扣件缺损、扭力不足、钢轨扣件安装不正、钢轨离缝等缺陷。

(5)钢轨焊缝不平顺是影响行车舒适度的重要因素之一，因而，除了钢轨焊接和钢轨打磨必须严格(检查和打磨)平顺度超标的钢轨焊缝外，在轨道线型调整时，应首先检查并打磨平顺度超标的钢轨焊缝。

【思考与练习】

一、简答题

1. 思考道岔精调后现场调整的准则是什么?

2. 道岔调整注意事项有哪些?

模块6　长钢轨精调技术

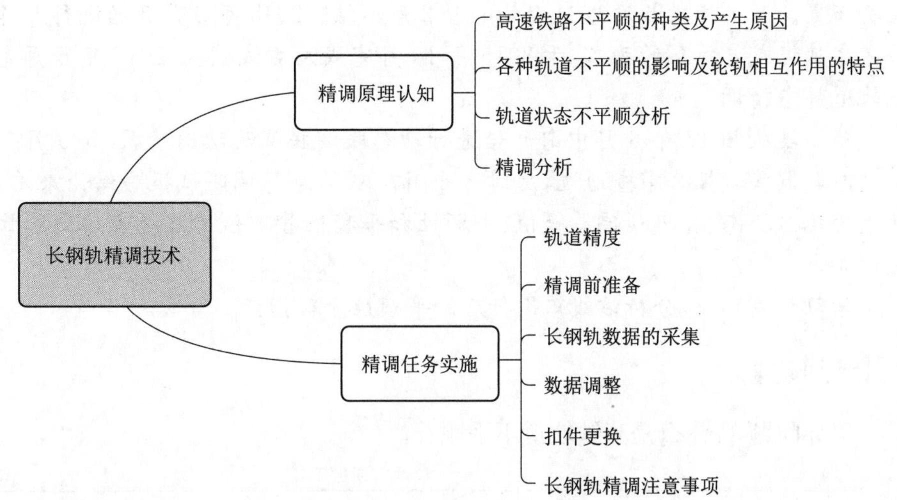

笔记栏

【学习目标】

知识目标：

1. 掌握轨道不平顺原因；
2. 掌握长钢轨精调原理；
3. 掌握长钢轨精调施工工序及方法；
4. 掌握长钢轨精调仪器操作步骤；
5. 能够根据工程项目的要求，依据相关规范在现场进行精调作业。

能力目标：

1. 能够判别轨道不平顺种类，分析轨道不平顺原因；
2. 能够运用轨检小车等设备完成长钢轨精调；
3. 能够运用专业软件分析精调数据；
4. 能够运用调整后数据进行轨道调整；
5. 能够根据工程项目的要求，合理制定精调方案；
6. 具备正确查询、运用行业规范、标准的能力。

思政目标：

1. 学习标准化作业流程，培养学生的职业素养；
2. 了解高速铁路平顺性的调整方法，强化职业自豪感和责任感；
3. 通过精调原理学习，培养学生精益求精的工作态度；
4. 善于与人沟通和交流，具有团队协作意识，善于总结经验。

笔记栏

任务1　精调原理认知

【任务描述】

西成高速铁路正线长度约 509 km，其中陕西段长约 340 km。设计时速 250 km，CRTSⅠ型双块式无砟轨道，桥上为单元式结构、隧道及路基段为连续结构布置。××标段长度为34.2 km，含 2 座车站。2015 年 3 月开始进行无砟轨道底座板或支撑层的施工，于 2016 年 10 月完成左右线铺轨，2017 年 5 月完成轨道静态精调。

陕西段从 2017 年 6 月中旬开始进行动态联调联试及动态精调，到 9 月下旬动态联调联试报告审查通过，历时 3 个月。从动态联调联试报告结论来看，轨道的几何状态、各单项偏差峰值、平顺性和平稳性管理值已经全部达到验收规范要求。

学习相关知识，分析该线路运行后的平顺性管理指标。

【引导问题】

引导问题 1：什么是高铁轨道不平顺？

______

______

______

引导问题 2：高铁不平顺的影响有哪些？

______

______

______

【任务分组】

学生任务分配表见表 6-1-1。

表 6-1-1　学生任务分配表

<table>
<tr><td>班级</td><td></td><td>组号</td><td></td><td>指导老师</td><td></td></tr>
<tr><td>组长</td><td></td><td>学号</td><td colspan="3"></td></tr>
<tr><td>组员</td><td colspan="5"><table><tr><td>姓名</td><td>学号</td><td>姓名</td><td>学号</td></tr><tr><td></td><td></td><td></td><td></td></tr><tr><td></td><td></td><td></td><td></td></tr><tr><td></td><td></td><td></td><td></td></tr></table></td></tr>
<tr><td colspan="6">任务分工</td></tr>
</table>

笔记栏

【任务实施】

1. 判断下列图中所示高铁不平顺的种类,并分析原因。

图　　示	不平顺类型	导致不平顺的原因
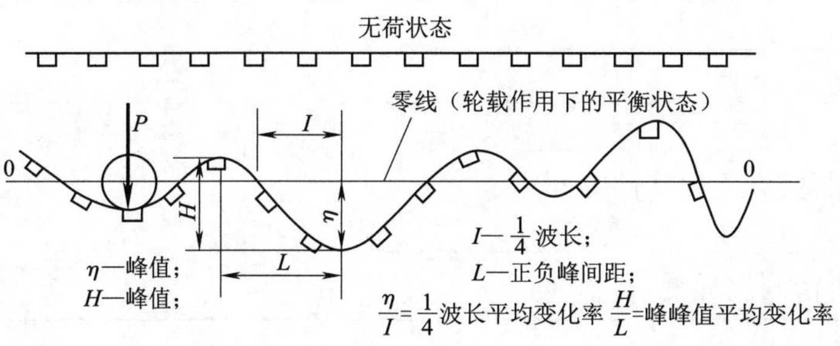		
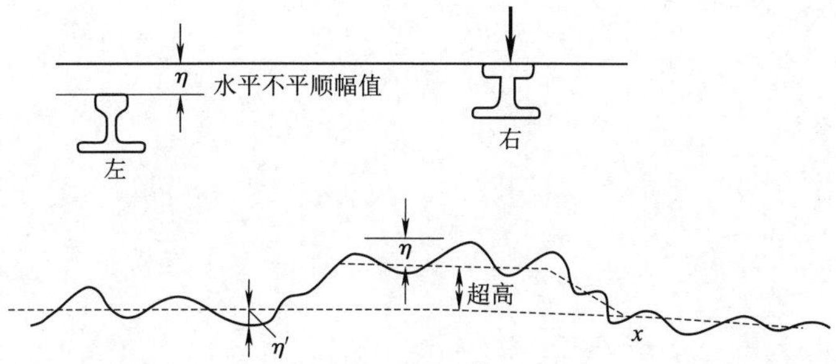		
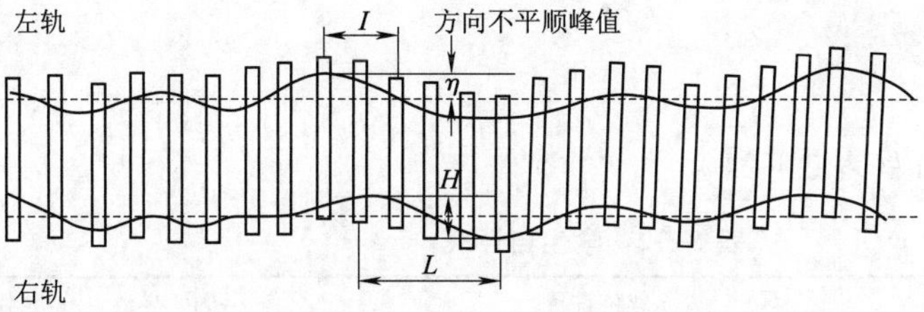		
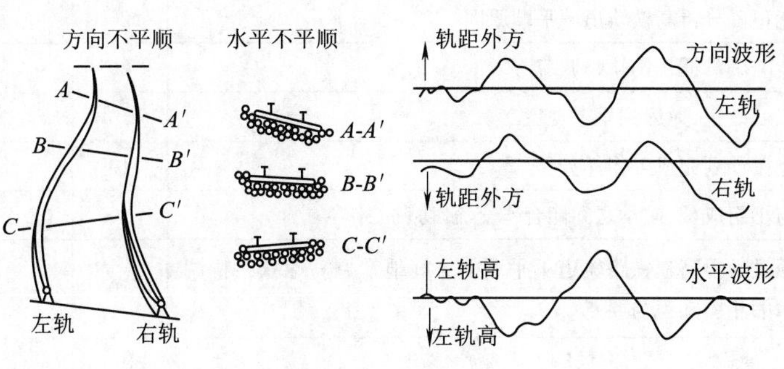		

笔记栏

2. 按波长区分的轨道不平顺及波动

1 m 以下的轨面短波不平顺幅值很小，多在 0.02～2 mm，主要________________________________。

1～3.5 m 范围的波长成分，主要是________________。

3.5～30 m 波段主要________________________________。

30～200 m 波段多由________________________________。

3. 轨道不平顺分析，主要从两方面：

(1)________________；(2)________________。

4. 画出长钢轨精调流程图

【评价反馈】

1. 学生进行自评(表 6-1-2)

表 6-1-2　学生自评表

评价项目	评价标准	分值	得分
高铁不平顺种类	能正确判别高铁轨道不平顺种类	20	
不平顺分析	能正确分析高铁轨道不平顺原因	20	
长钢轨精调	能准确掌握长钢轨精调流程	20	
工作态度	态度端正，无迟到早退现象	10	
工作质量	能按计划完成工作任务	10	
协调能力	与小组成员、同学之间能合作交流，协调工作	10	
创新意识	通过学习高速铁路轨道不平顺能更好地掌握高速铁路精调技术的相关知识与要点	10	
合　计		100	

2. 学生以小组为单位，对上述工作过程与结果进行互评（表 6-1-3）

笔记栏

表 6-1-3　学生互评表

评价项目	分值	等级								评价对象(组别)					
										1	2	3	4	5	6
计划合理	10	优	10	良	8	中	6	差	4						
方案准确	10	优	10	良	8	中	6	差	4						
团队合作	10	优	10	良	8	中	6	差	4						
组织有序	10	优	10	良	8	中	6	差	4						
工作质量	10	优	10	良	8	中	6	差	4						
工作效率	10	优	10	良	8	中	6	差	4						
工作完整	20	优	20	良	16	中	12	差	8						
工作规范	20	优	20	良	16	中	12	差	8						
合　计	100														

3. 教师对学生工作过程和结果进行评价（表 6-1-4）

表 6-1-4　教师综合评价表

班级：		姓名：		学号：	
任务 1		长钢轨精调原理认知			
评价项目		评价标准		分值	得分
考勤(10%)		无迟到、早退、旷课现象		10	
工作过程(60%)	高铁不平顺种类	能正确判别高铁轨道不平顺种类		20	
	不平顺分析	能正确分析高铁轨道不平顺原因		20	
	长钢轨精调	能准确掌握长钢轨精调流程		20	
	工作态度	态度端正，无迟到早退现象		10	
	协调能力	与小组成员、同学之间能合作交流，协调工作		10	
项目成果(30%)	工作完整	能按时完成任务		10	
	工作规范	能按规范步骤进行操作		10	
	工作报告	能准确掌握高铁不平顺的种类及原因		10	
合　计				100	
综合评价	自评(20%)	小组评价(30%)	教师评价(50%)	综合得分	

【相关知识】

31.长钢轨精调原理

长钢轨精调属于轨道长钢轨铺设完成后的精调检查，精调的主要目的是确保轨道平顺性达标。在高速铁路运营维护中也需要进行长钢轨精调，此时的主要目的是进行轨道不平顺管理，轨道几何状态的检测与维修。

1. 轨道不平顺的种类及产生原因

轨道不平顺是指轨道几何形状、尺寸和空间位置的偏差。广义而言，凡是

笔记栏

32.轨道不平顺分析

直线轨道不平、不直对中心线位置和轨道高度、宽度正确尺寸的偏离，曲线轨道不圆顺，偏离曲线中心线位置和正确的曲率、超高、轨距值，偏离顺坡变化尺寸等轨道几何偏差，统称为轨道不平顺。

轨道不平顺的种类很多，可按其对机车车辆激扰作用的防线不平顺的波长、显现记录时有无轮载作用等分类。

1)垂向轨道不平顺

(1)高低不平顺

高低不平顺是指轨道沿钢轨长度方向在垂向的凸凹不平，如图 6.1.1 所示。它是由线路施工和大修作业的高程偏差，桥梁挠曲变形，道床和路基残余变形沉降不均匀，轨道各部件间的间隙步行，吊板以及轨道垂向弹性不一致等造成的。

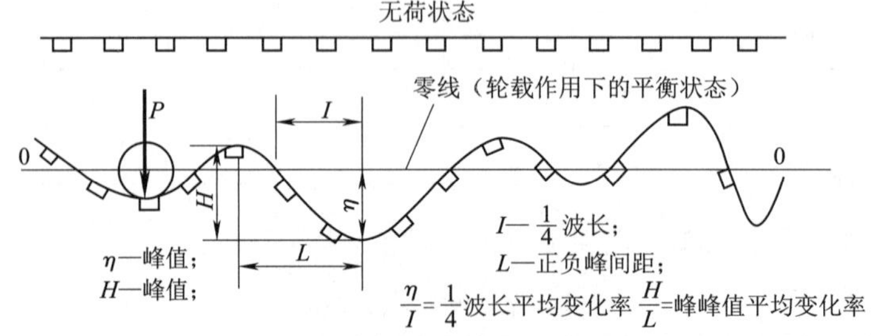

图 6.1.1 轨道的高低不平顺

一般情况下，左、右轨高低的变化趋势基本一致，但在短距离内各自的变化往往不同，还需区分左轨高低和右轨高低。

(2)水平不平顺

水平不平顺即轨道同一横截面上左右两轨顶面的高差，如图 6.1.2 所示，在曲线上，水平不平顺是指扣除正常超高值的偏差部分；在直线上，是指扣除将一侧钢轨故意抬高形成的水平平均值后的差值。

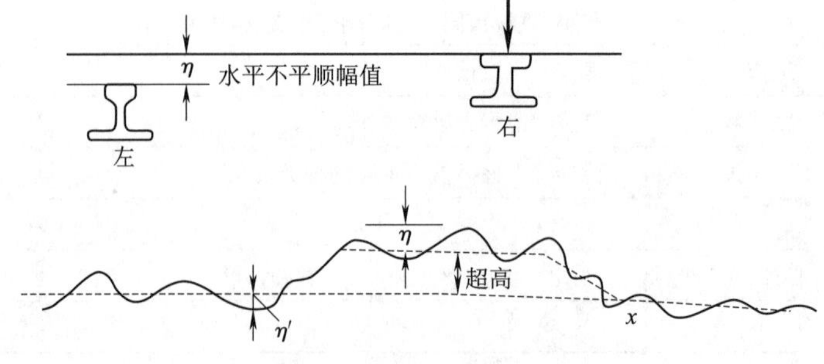

图 6.1.2 轨道的水平不平顺

(3)扭曲不平顺

轨道平面扭曲(有些国家称为平面性，我国常称为三角坑)即左右两轨顶面相对轨道平面的扭曲，用相隔一定距离的两个横截面水平幅值的代数差度量。

(4)轨面短波不平顺

轨面短波不平顺，及钢轨顶面小范围内的不平顺，它是由轨面不均匀磨耗、擦伤、剥离掉块、焊缝不平、接头错牙等形成的。其中轨面擦伤、焊缝不平等多

是孤立的，不具有周期性，而波纹磨耗、波浪形磨耗则具有周期性特征。具体如图 6.1.3 和图 6.1.4 所示。

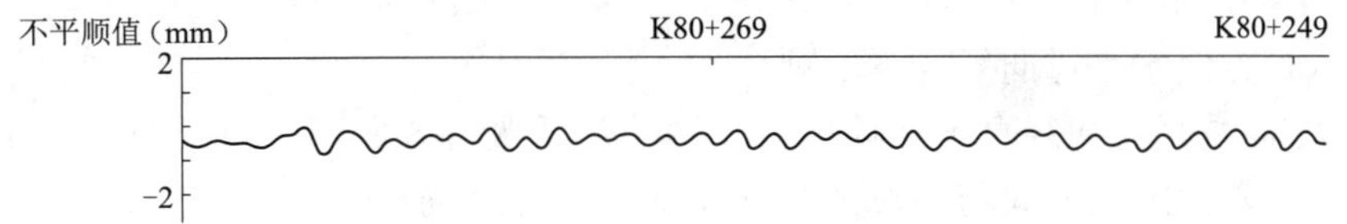

图 6.1.3　周期性轨面短波不平顺实测波形

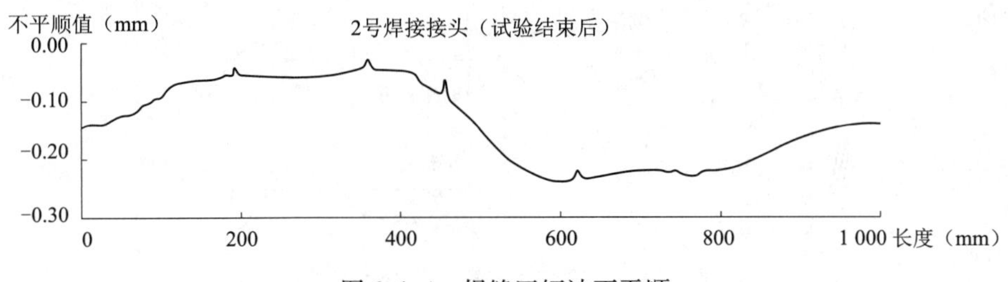

图 6.1.4　焊缝区短波不平顺

2)横向轨道不平顺

(1)轨道方向不平顺

轨道方向不平顺(常简称轨向不平顺或方向不平顺)是指轨头内侧面沿长度方向的横向凹凸不平顺，由铺轨施工、整道作业的轨道中心线定位偏差，轨排横向残余变形积累和轨头侧面磨耗不均匀、扣件失效、轨道横向弹性不一致等原因造成，如图 6.1.5 所示。左右轨方向变化往往不同，尤其在扣件薄弱的区段差异更大，因此需要区分左轨方向和右轨方向，并将左右轨方向的平均值作为轨道的中心线方向偏差。

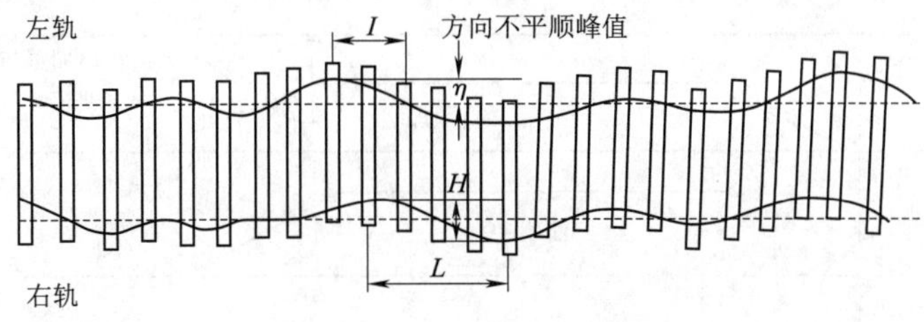

图 6.1.5　轨道方向不平顺

(2)轨距偏差

轨距偏差即在轨顶面以下 16 mm 处量得的左右两轨内侧距离，相对于标准轨距的偏差，通常由扣件不良、轨枕挡肩失效、轨头侧面磨耗等造成，如图 6.1.6 所示。

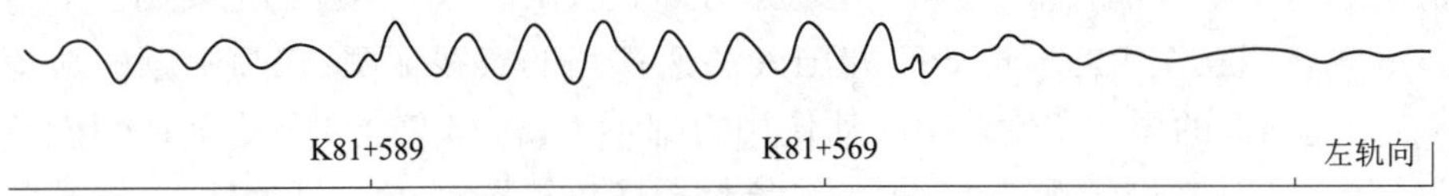

图 6.1.6　新轨横向周期性不平顺实测波形

笔记栏

3)复合不平顺

在轨道同一位置上,垂向和横向不平顺共存形成的双向不平顺称为轨道复合不平顺。危害较大的有方向水平逆向复合不平顺和曲线头尾几何偏差。

(1)方向水平逆向复合不平顺

方向水平逆向复合不平顺是指在同一位置既有方向不平顺又有水平不平顺,并且轨道臌曲方向与高轨位置形成反超高状态,如图 6.1.7 所示。

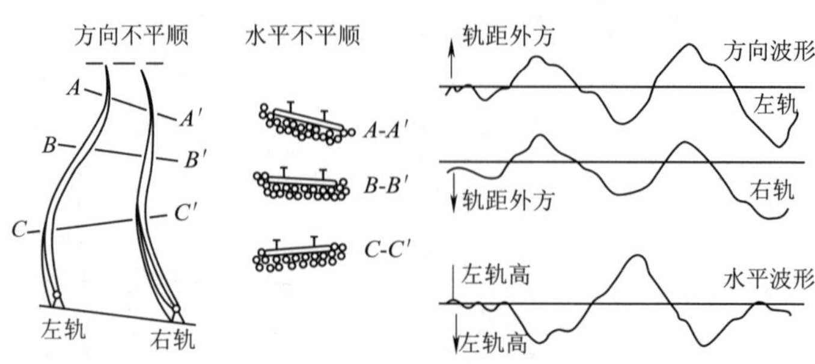

图 6.1.7　方向水平逆向复合不平顺

通过研究与试验证实,方向水平逆向复合不平顺对行车安全有严重影响,往往是引起脱轨的重要原因。

(2)曲线头尾几何偏差

曲线头尾几何偏差是指在曲线圆缓点区、缓直点区,超高、正矢、轨距顺坡起点、重点不一致或不匹配形成的几何偏差,对行车平稳舒适和安全有不可忽视的影响,如图 6.1.8 所示。

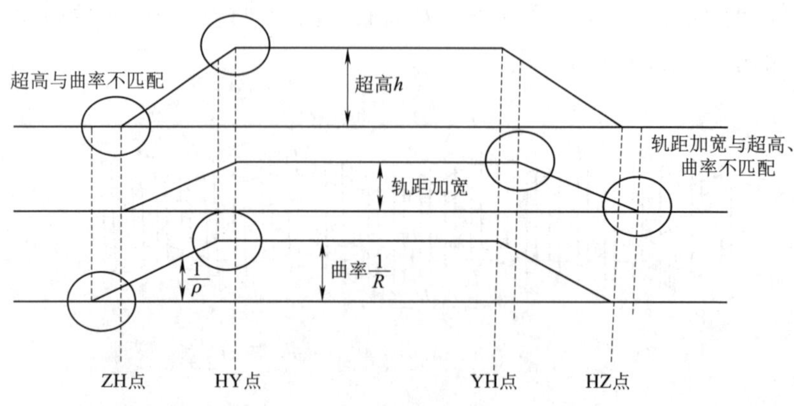

图 6.1.8　曲线头尾的几何偏差

2. 各种轨道不平顺的影响及轮轨相互作用的特点

轨道不平顺是引起列车振动、轮轨动作用力增大的主要根源,对行车平稳舒适和行车安全都有重要影响,是轨道方面直接限制行车速度的主要因素。

轮轨相互作用的理论研究和国外高速铁路的实践证明,在高平顺的轨道上,高速列车的振动和轮轨间的动作用力都不大,行车安全和平稳舒适性能够得到保证,轨道和车辆部件的寿命和维修周期也较长。反之,即使轨道、路基和桥梁结构在精度方面完全满足要求,而轨道平顺性不变时,在高速条件下各种轨道不平顺引起的车辆振动，轮轨噪声和轮轨动作用力将大幅增加，使平稳、舒适、安全性严重恶化，甚至导致列车脱轨。

1）各种轨道不平顺的主要影响

国内外的研究实验均表明，各种轨道不平顺对车辆振动、轮轨噪声、轮轮相互作用力，舒适性、安全性等都有直接影响，但不同种类的不平顺，其激扰方向、影响性质、影响程度又各不相同，见表6.1.1。

表6.1.1　各种轨道不平顺的主要影响

种类影响	车辆振动	轮轨力	性　质	
			安全性	平稳舒适性
高低	浮沉、点头	垂直力增减载	促进脱轨	垂直加速度大
水平	侧滚	垂直力增减载	促进脱轨	侧滚加速度大
扭曲	侧滚	垂直力增减载	引发悬浮脱轨	侧滚加速度大
轨向	侧摆、摇头	横向力增大	引发爬轨脱轨	横向加速度大
轨距			引发落下脱轨	
轨向水平复合	侧摆、摇头	横向力增大 垂直力增减载	引发爬轨、悬浮脱轨	垂直加速度大 横向加速度大
轨面短波	轮轨高频冲击振动	垂直冲击力	促进断轨断轴	噪声
轨制不平顺		周期性轮轨力增大		垂直加速度大

2）按波长区分的轨道不平顺及波动

随机性轨道不平顺的波长范围很宽，0.01～200 m波长的不平顺均常见。

1 m以下的轨面短波不平顺幅值很小，多在0.02～2 mm，主要由钢轨接头焊缝、不均匀磨耗、轨头擦伤、剥离掉块、波浪和波纹磨耗以及轨枕间距等因素形成。

1～3.5 m范围的波长成分，主要是钢轨在轧制过程中形成的周期性成分和波浪形磨耗。

3.5～30 m波段主要由道床路基的不均匀残余变形、各部件间的间隙不等、道床弹性不均、焊头形成的以轨长为基波的复杂周期波成分，以及桥隧头尾、涵洞等轨道刚度突变和桥梁动挠度等形成。

30～200 m波段多由道床及路基沉降不均、路基施工过程中形成的先天性不平、桥梁动挠度等构成。更长的长波多为地形起伏、线路坡度变化等形成。

轨道不平顺不仅幅值和波长的变化范围大，而且其影响也各不相同。短波不平顺可能引起簧下质量与钢轨间的冲击振动，产生很大的轮轨作用力。周期性成分可能引起机车车辆的谐振。而中、长波尤其是敏感波长成分常常是引起车体产生较大振动的重要原因。

在速度为120 km/h以下时，轨道不平顺有影响的波长范围在30 m以下。随着行车速度的提高，轨道不平顺有影响的波长相应正常。速度为350 km/h时，有影响的波长可达百余米。

按轨道不平顺的波长特征，可分为短波、中波、长波不平顺三类。各国划分

笔记栏

的波长范围不尽相同。我国的波长划分见表 6.1.2。

表 6.1.2　我国的波长划分

类型	波长范围	幅值范围(mm)	不平顺种类	主要影响
短波	数毫米至数十毫米	0.02～1.0	轨面擦伤、剥离掉块、波纹磨耗、焊缝	轮轨动作用力，噪声，运用成本费（高速时影响大增）
	数百毫米	0.1～2.0	波浪形磨耗、轨枕间距	
中波	2～3.5 m 周期性	0.1～2.0	新轨轨身不平顺	快速、高速车振动舒适性
	3～30 m 非周期性	1～40	高低、轨向、扭曲、水平、轨距	轮轨动作用力，噪声，安全、平稳、舒适性，运营成本费（高速时影响大增）
长波	30～100 m	1～60	路基、道床不均匀沉降中跨桥梁挠曲变形，桥梁、隧道头尾刚度差异	快速、高速列车振动舒适性

3)轨道不平顺幅值、波长和行车速度的影响规律

当不平顺波长和行车速度一定时，幅值越大，所引起的车辆振动和轮轨作用力等相应也越大。

当不平顺波长和行车速度一定时，波长越长影响越小，非线性递减，但敏感波长、周期性的谐振波长影响大。

当不平顺波长和波长一定时，速度越高，影响越大，非线性递增。

3. 轨道状态不平顺分析

通过对设备进行轨道状态动态不平顺分析，从宏观上近似准确判断病害地点，但实际静态精测情况是不能够很好吻合，则需进行精调精密测量验证，根据动、静态结合分析、验证最终决定精调地点。

1)精测分析

精测分析主要根据动态不平顺分析确定的近似准确的病害地点，结合基础数据（线型资料、扣件系统、轨道板结构、光带等）进行现场实际精测，并对精测数据进行动、静态数据、基础数据修正，最终制定精调作业方案。精测主要内容包括：

(1)问题区段精密测量及基础数据调查。

(2)动、静态数据修正、校核。

(3)结合基础数据进行动、静态综合分析，确定病害类型及准确地点。

(4)根据“削峰填谷、平顺性”原理进行模拟调整，并生成模拟调整量表。

(5)根据扣件系统、轨道类型结合模拟调整量表制定精调作业指导书。

2)精测作业流程

根据实际工程项目，完成精测外业任务，保证轨道精测作业测量数据真实有效，保证测量工作标准化，具体流程如图 6.1.9 所示。

笔记栏

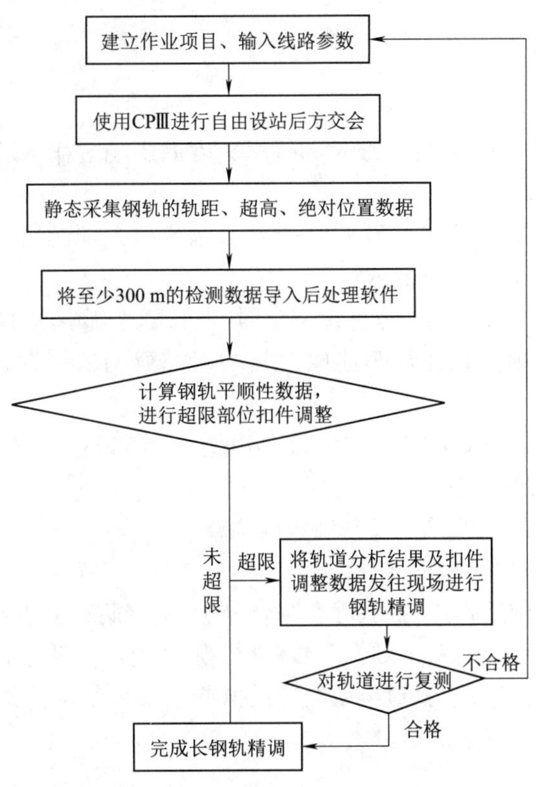

图 6.1.9　长钢轨精测精调流程图

4. 精调分析

通过动静态综合分析确定病害准确地点，按照精调作业指导书执行。

1)根据现场作业情况形成《轨道精调作业记录表》

通过对轨道精调作业记录表进行科学设计，确保精调作业每一步作业情况及扣件系统使用情况如实记录，为内业校核打下基础。

2)结合基础资料精测数据校核(现场数据校核、内业校核)

数据校核主要通过现场数据校核和内业校核两大项四小项来确保数据准确性。现场校核包含趋势校核和偏差校核两项，内业校核包含调整件使用数量校核及偏差校核两项。

3)理论、实际对比波形图

鉴于无砟轨道动、精调检测周期偏长，为及时验证精调作业效果，需现场形成理论、实际对比波形图。其作用一是校核调整是否发生调反的现象，二是判断是否达到预期效果。

4)理论、实际偏差波动曲线

由于理论和实际有一定偏差，则理论、实际对比波形图必须同模板有所偏差，为此汇出偏差波动曲线，并结合现场实际找出偏差的真实原因，以便更好地指导生产实践。

5)分析结论

最终形成分析结论，建立数据库，指导生产实践。

笔记栏

【思考与练习】

多选题

1. 关于轨道不平顺幅值、波长和行车速度的影响规律，以下说法不正确的是(　　)。
   A. 当不平顺波长和行车速度一定时，幅值越大，所引起的车辆振动和轮轨作用力等相应也越大
   B. 当不平顺波长和行车速度一定时，波长越长影响越小，非线性递减
   C. 当不平顺波长和行车速度一定时，敏感波长、周期性的谐振波长影响大
   D. 当不平顺波长和波长一定时，速度越高，影响越大，非线性递增
2. 精测主要内容包括(　　)。
   A. 问题区段精密测量及基础数据调查
   B. 动、静态数据修正、校核
   C. 结合基础数据进行动、静态综合分析，确定病害类型及准确地点
   D. 根据“削峰填谷、平顺性”原理进行模拟调整，并生成模拟调整量表
   E. 根据扣件系统、轨道类型结合模拟调整量表制定精调作业指导书，思考道岔还可以怎么分类

任务2　精调任务实施

【任务描述】

兰新第二双线(新疆段)××标位于哈密境内，施工起点里程为DK1191+000，终点里程为DK1216+000，全长25 km，正线设有铁路大桥2座，长2 185.18 m。其余路段均为路基。

沿线地区环境温差较大，干旱，年降水量只有全国平均年降水量的23%，该测量沿线环境给长钢轨精调工作带来了较大干扰。

学习相关知识，完成长钢轨精调任务的实施。

【引导问题】

引导问题1：什么是长钢轨精调？

____

引导问题2：长钢轨精调的目的是什么？

____

笔记栏

引导问题 3：长钢轨精调的内容包括哪些？

【任务分组】

学生任务分配表见表 6-2-1。

表 6-2-1　学生任务分配表

<table>
<tr><td>班级</td><td></td><td>组号</td><td></td><td>指导老师</td><td></td></tr>
<tr><td>组长</td><td></td><td>学号</td><td></td><td></td><td></td></tr>
<tr><td>组员</td><td colspan="5"><table><tr><td>姓名</td><td>学号</td><td>姓名</td><td>学号</td></tr><tr><td></td><td></td><td></td><td></td></tr><tr><td></td><td></td><td></td><td></td></tr><tr><td></td><td></td><td></td><td></td></tr></table></td></tr>
<tr><td colspan="6">任务分工</td></tr>
</table>

【任务实施】

1. 工具和材料准备

提示：作业前清点作业工具及材料，确认工具及材料是否齐全，是否完好，性能是否可靠。

工具及材料名称	数量	作业前检查结果

笔记栏

2. 长钢轨精调数据采集关键步骤

序号	描述步骤的主要内容

3. 数据调整成果表

项目	调整扣件数量百分比(%)	调整最大值(mm)	调整所用时间(min)
平面			
高程			
合计			

【评价反馈】

1. 学生进行自评(表 6-2-2)

表 6-2-2 学生自评表

评价项目	评价标准	分值	得分
仪器校验	能正确检查和校验轨检小车和全站仪	10	
数据采集	能正确进行长钢轨外业数据采集工作	30	
数据调整	能准确调整长钢轨精调数据	20	
工作态度	态度端正,无迟到早退现象	10	
工作质量	能按计划完成工作任务	10	
协调能力	与小组成员、同学之间能合作交流,协调工作	10	
创新意识	通过学习长钢轨精调任务实施,掌握相关新技术、新工艺	10	
合　计		100	

2. 学生以小组为单位,对上述工作过程与结果进行互评(表 6-2-3)

表 6-2-3 学生互评表

评价项目	分值	等级								评价对象(组别)					
										1	2	3	4	5	6
计划合理	10	优	10	良	8	中	6	差	4						
方案准确	10	优	10	良	8	中	6	差	4						
团队合作	10	优	10	良	8	中	6	差	4						
组织有序	10	优	10	良	8	中	6	差	4						
工作质量	10	优	10	良	8	中	6	差	4						
工作效率	10	优	10	良	8	中	6	差	4						
工作完整	20	优	20	良	16	中	12	差	8						
工作规范	20	优	20	良	16	中	12	差	8						
合　计	100														

笔记栏

3. 教师对学生工作过程和结果进行评价(表 6-2-4)

表 6-2-4　教师综合评价表

<table>
<tr><td colspan="2">班级：</td><td>姓名：</td><td colspan="3">学号：</td></tr>
<tr><td colspan="2">任务 2</td><td colspan="4">长钢轨精调任务实施</td></tr>
<tr><td colspan="2">评价项目</td><td colspan="2">评价标准</td><td>分值</td><td>得分</td></tr>
<tr><td colspan="2">考勤(10%)</td><td colspan="2">无迟到、早退、旷课现象</td><td>10</td><td></td></tr>
<tr><td rowspan="3">工作过程(60%)</td><td>仪器校验</td><td colspan="2">能正确检查和校验轨检小车和全站仪</td><td>10</td><td></td></tr>
<tr><td>数据采集</td><td colspan="2">能正确进行长钢轨外业数据采集工作</td><td>30</td><td></td></tr>
<tr><td>数据调整</td><td colspan="2">能准确调整长钢轨精调数据</td><td>20</td><td></td></tr>
<tr><td rowspan="3">工作过程(60%)</td><td>精调注意事项</td><td colspan="2">能正确掌握精调注意事项</td><td>10</td><td></td></tr>
<tr><td>工作态度</td><td colspan="2">态度端正,无迟到早退现象</td><td>10</td><td></td></tr>
<tr><td>协调能力</td><td colspan="2">与小组成员、同学之间能合作交流,协调工作</td><td>10</td><td></td></tr>
<tr><td rowspan="3">项目成果(30%)</td><td>工作完整</td><td colspan="2">能按时完成任务</td><td>10</td><td></td></tr>
<tr><td>工作规范</td><td colspan="2">能按规范步骤进行操作</td><td>10</td><td></td></tr>
<tr><td>工作报告</td><td colspan="2">能准确掌握长钢轨精调方法</td><td>10</td><td></td></tr>
<tr><td colspan="4">合　计</td><td>100</td><td></td></tr>
<tr><td rowspan="2">综合评价</td><td>自评(20%)</td><td>小组评价(30%)</td><td>教师评价(50%)</td><td colspan="2">综合得分</td></tr>
<tr><td></td><td></td><td></td><td colspan="2"></td></tr>
</table>

【相关知识】

33.轨道状态及检测

轨距、水平、高低、轨向、三角坑、变化率是轨道状态表述的根本元素,也是轨道状态控制的关键元素。长钢轨精调的主要目的是根据轨道测量数据对轨道位置进行精确调整,使轨道精度达到标准,满足列车平稳、舒适运行要求。

1. 轨道精度

轨道精调主要是控制轨道的高低,轨向的长、短波偏差,以及相邻承轨台之间的轨距、水平、平面位置、轨面高程的偏差及其变化率。长钢轨精调都是严格按照相对精度来控制轨道以满足技术验收标准。无砟轨道精调后的轨道静态铺设精度应符合表 6.2.1 的要求。

表 6.2.1　无砟轨道静态铺设精度

<table>
<tr><td>序号</td><td>项目</td><td>允许偏差</td><td>备注</td></tr>
<tr><td rowspan="2">1</td><td rowspan="2">轨距</td><td>±1 mm</td><td>相对于标准轨距 1 435 mm</td></tr>
<tr><td>1/1 500</td><td>变化率</td></tr>
<tr><td rowspan="2">2</td><td rowspan="2">轨向</td><td>2 mm</td><td>弦长 10 m</td></tr>
<tr><td>2 mm/(8a)m
10 mm/(240a)m</td><td>基线长(48a)m
基线长(480a)m</td></tr>
<tr><td rowspan="2">3</td><td rowspan="2">高低</td><td>2 mm</td><td>弦长 10 m</td></tr>
<tr><td>2 mm/(8a)m
10 mm/(240a)m</td><td>基线长(48a)m
基线长(480a)m</td></tr>
</table>

笔记栏

续上表

序号	项目	允许偏差	备注
4	水平	2 mm	不包含曲线、缓和曲线上的超高值
5	扭曲	2 mm	基长 3 m 包含缓和曲线上由于超高顺坡所造成的扭曲量
6	与设计高程偏差	10 mm	站台处的轨面高程不应低于设计值
7	与设计中线偏差	10 mm	

注:1. 表中 a 为扣件节点间距(m),$8a$、$240a$ 为矢距法检测测点间距;

2. 轨向偏差不含曲线。

2. 精调前准备

1)仪器的校正

轨检小车校核主要是对轨距、高程、轴线三个方面的校核,轨距校核用校核过得 0 级道尺检查,超过 0.3 mm,必须使用厂家提供的设置参数,进行反复测量修正,直至和道尺测量出的数据相符合。

将高程校核用球棱镜放在钢轨上,然后对用全站仪实测钢轨面的高程与小车实测出来的钢轨面的高程进行比照分析。

轴线一般小车正反 180°测量,如果正反测量的轴线数据不相等,超过 0.4 mm时,与校核轨距的方法一样,需进行反复测量比照。一般小车在一个星期之内要集中校核一次。

全站仪的校核主要是组合校准,一般每天在采集数据前都需要进行校准。

2)影响数据采集精调的因素

全站仪因素:测量精度、仪器使用和检校状况。

设站因素:CPⅢ控制网精度,后方交会精度、换站偏差影响。

人员因素:测量人员使用数量程度、是否按规程操作等。

3)对扣件钢轨的检查

轨道系统检查包括对钢轨和扣件的检查,主要为钢轨应无污染、无低塌、无掉块、无硬弯等缺陷,焊缝应全部检查,使焊缝平顺性满足,即要满足顶面 0～0.2 mm,工作边 0～－0.2 mm,圆弧面 0～－0.2 mm 的要求。扣件应安装整齐,无缺失、无损坏、无污染。扭力矩达到设计标准,弹条中部前端下缘与轨距块间隙不大于 0.5 mm,轨底外侧边缘与轨距块间隙不大于0.3 mm,挡肩与轨距块间隙不大于 0.3 mm。垫板应安装正确、无缺失、无偏斜、无污染、无空吊。

34.组装小车（南方高铁）

4)允许偏差

在满足轨道平顺度要求的情况下,轨面高程允许偏差为＋4～－6 mm,靠近站台地段为＋4～0 mm。轨道中线与设计中线允许偏差为 10 mm,线间距允许偏差为＋10～0 mm。

35.组装小车（瑞邦）

3. 长钢轨数据的采集

全站仪和轨检小车校核完成后,进行数据采集。首先全站仪采用后方交会的方法进行自由设站,轨检小车与全站仪利用蓝牙等设备连接,并且实时接收全站仪测量轨检小车上棱镜的数据,人工推动小车进行数据采集。

采集过程中需要注意的是：轨检小车应置于两对CPⅢ控制点之间，每一测点观测的CPⅢ点数不少于3～4对；设站点的三维坐标分量偏差不应大于0.7 mm；每站最长测量距离不宜超过60 m，最近不少于5 m；一个区段内的测量方式应保持一致；换站搭接突变点需要适时备注清楚，相邻精调作业区间之间应至少重叠测量一站。

笔记栏

36.软件操作说明（南方高铁）

轨检小车方向的定义和数据说明：

(1)面对里程增大的方向：轨检小车双轮部分在左手边就是“正方向”，相反则为“负方向”如图6.2.1所示。

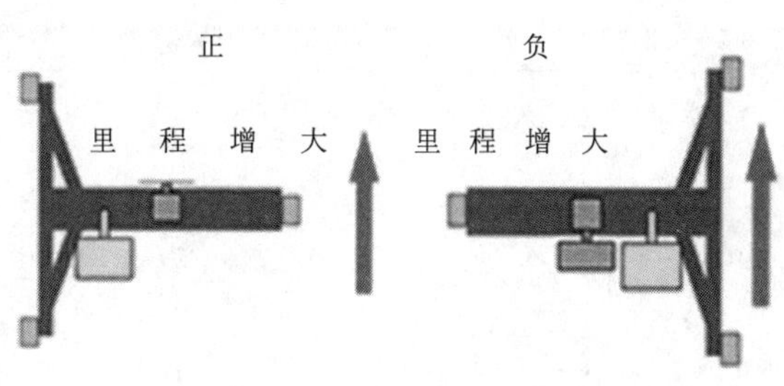

图6.2.1　轨检小车方向示意图

(2)轨检小车前进方向：轨检小车与设计中线前进的方向，即推小车前进的方向是往大里程还是小里程方向走。

系统会默认前一次测量的代码和轨检小车方向。如果轨道和测量方向改变(如：面对大里程方向，双轮在左边换到右边，或推小车前进方向改变)，要手动选择开始新的测量序列选项，重新核对轨检小车方向“正方向”或“负方向”及轨检小车前进方向的“里程增大方向”或“里程减少方向”，如图6.2.2所示。

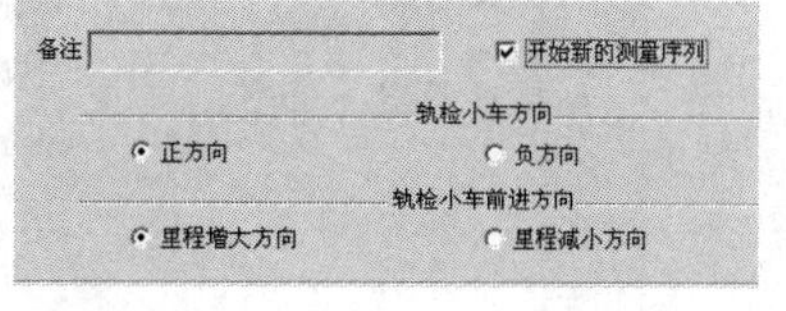

图6.2.2　轨检小车参数设置

4.数据调整

外业数据采集后需将数据导入专业软件中进行调整，进一步计算调整量。调整过程中需要注意以下几点：

(1)以调整相对精度和平顺性为主。

(2)绝对精度一般能满足标准要求，在长钢轨精调阶段几乎不用控制，但必须监控变化率，即平顺性控制。

(3)轨道横向调整量应考虑0.5 mm左右余量。

(4)严格控制周期性不平顺，特别是注重轨向、高低10～20 m的周期性不平顺控制。

(5)应对采集数据进行检查，是否存在异常数据。

(6)通过计算，检查最大值调整后，高程、中线是否在误差允许范围。

(7)应建立相对平顺和变化率的概念，力求最大的平顺、最小的调整量。

数据调整原则：“先整体、后局部，先轨向、后轨距，先高低、后水平”，优先保证参考轨的平顺性，另外一股钢轨通过轨距和水平控制。具体如下所述：

(1)“先整体后局部”：可首先基于整体曲线图，大致标出期望的线路走线或起伏状态，先整体上分析区间调整量，再局部精调。

笔记栏

(2)“先轨向后轨距”：轨向的优化通过调整高轨（基准轨）的平面位置来实现，低轨的平面位置利用轨距及轨距变化率来控制。

(3)“先高低后水平”：高低的优化通过调整低轨（基准轨）的高程来实现，高轨的高程利用超高和超高变化率来控制。

在轨道精调软件中，平顺性指标可通过对主要参数（平面位置、轨距、高程、水平）指标曲线图的“削峰填谷”原则来实现，目的是确保直线顺直，曲线圆顺。

37.TDES 曲线调整（南方高铁）

图 6.2.3 和图 6.2.4 是一组平面调整前后的数据图例（来源于南方高铁 DTS 曲线调整软件）。

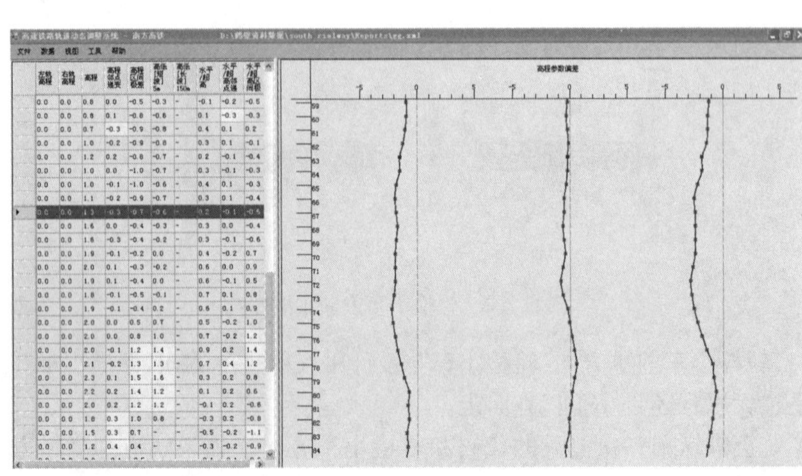

图 6.2.3　精调采集数据调整前

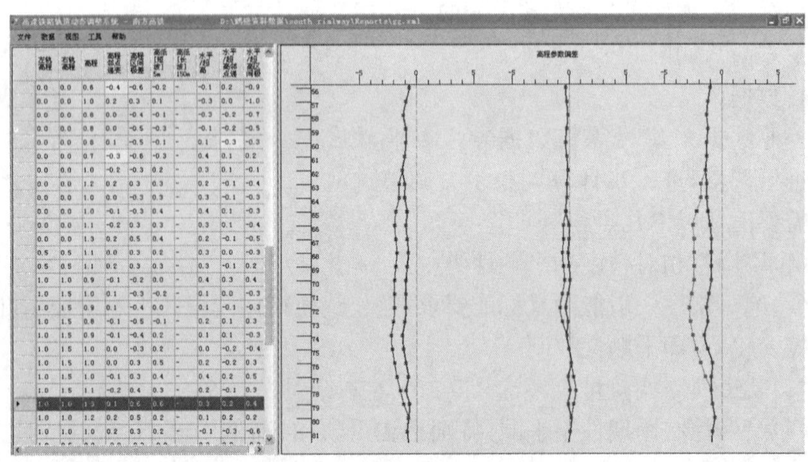

图 6.2.4　精调采集数据调整后

对于数据调整后给出的调整量，现场要再次进行复核，复核采用轨距尺、30 m弦线检查，不一致时，以手工测量为准。

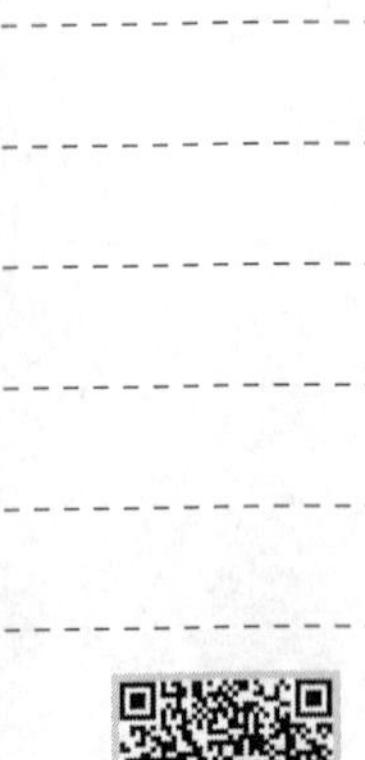

38.扣件更换（画撬操作）

5. 扣件更换

调整后的数据平顺性达到要求，计算出调整量后现场进行扣件更换。更换扣件主要从高程和平面两方面进行调整。

(1)高程调整一是通过增加 1 mm、2 mm 和 5 mm 的微调调高垫板来达到

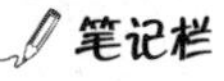

精调的目的，二是通过更换轨下垫板，标准的轨下垫板厚度是 6 mm，通过更换 5 mm、4 mm、3 mm、2 mm的橡胶轨下垫板来降低轨道的高程。

(2)方向调整是更换成对的轨距块和轨距挡板使得轨距和方向达到预设值。

扣件更换结束后要再次运用轨检小车进行长钢轨数据采集，数据调整，如果超限需要再次更换扣件，直至满足线路平顺性标准。

6. 长钢轨精调注意事项

39.精调方案比选

(1)人员要求：内外有别。外业人员要熟悉轨检小车、全站仪的作业流程、精度要求，对轨道数据异常有敏感度，熟悉轨检小车、全站仪的检验及故障排除等。内业人员要熟悉线路线型、熟记轨道作业标准、了解精调调整与动态联调联测的相互关系，熟悉扣件组成及单价最小调整量，善于总结经验，熟悉数据管理标准等。

(2)测量时要实时关注偏差值。如果存在明显异常，需重复采集数据，覆盖之前采集的结果，如果依然存在突变，要及时分析原因。

(3)加强对扣件和焊缝的检查。无论在轨道静态调整前后，还是在轨道动态调整过程中都应对扣件完好性和焊缝平顺性进行全面检查，发现问题及时处理。

40.长钢轨精调实训（MESSLY）

(4)提高测量精度、制定最合理的优化方案。尽量不要对扣件螺栓反复拆卸，测量一般选在阴天或夜间进行，严禁在高温、雨天、大雾、大风等条件下测量，减少测量误差，确保测量结果真实可靠。

(5)全站仪和轨检小车属于精密测量仪器，运输和操作时要区别于其他通用工具，防止颠簸，注意保护，一旦发生碰触，要及时进行精度检查，轨检小车每次使用前都要进行校核。

【思考与练习】

41.长钢轨精调实训（南方高铁）

一、选择题

1. 衡量左轨或右轨在平面上是否平顺的指标是(　　)。

A. 轨距　　B. 扭曲

C. 超高　　D. 轨向

2. 衡量左轨或右轨在高程面上是否平顺的指标是(　　)。

A. 高低　　B. 扭曲

C. 超高　　D. 水平

42.瑞邦小车操作

二、简答题

1. 思考长钢轨精调是否需要多次进行？为什么？

43.电子道尺检查

参考文献

[1] 邓昌大,秦立朝. 高速铁路无砟轨道[M]. 北京:中国铁道出版社,2012.

[2] 梁世川,加依娜·塔五列. 高速铁路无砟轨道施工测量[M]. 成都:西南交通大学出版社,2018.

[3] 张福荣,赵景民. 高速铁路精密测量[M]. 北京:中国铁道出版社有限公司,2019.

[4] 王桔林. 高速铁路精测控制网及无砟轨道板精调测量技术[M]. 北京:中国铁道出版社,2011.

[5] 何奎元,张庆海. 高速铁路道岔[M]. 北京:中国铁道出版社,2011.

[6] 李超雄,寇东华,杨厚昌,等. 高速铁路无砟轨道线路养护维修[M]. 北京:中国铁道出版社,2011.

[7] 李昌宁. CRTSⅡ型板式无砟轨道轨道板预制与铺设技术[M]. 北京:中国铁道出版社,2012.

[8] 国家铁路局. 高速铁路设计规范:TB 10621—2014[S]. 北京:中国铁道出版社,2014.

[9] 国家铁路局. 高速铁路轨道工程施工质量验收标准:TB 10754—2018[S]. 北京:中国铁道出版社,2019.

[10] 中华人民共和国铁道部. 高速铁路工程静态验收技术规范:TB 10760—2013[S]. 北京:中国铁道出版社,2013.

[11] 中华人民共和国铁道部. 高速铁路工程动态验收技术规范:TB 10761—2013[S]. 北京:中国铁道出版社,2013.

[12] 曾祥富. 高速铁路轨道检测数据综合分析及其应用[D]. 成都:西南交通大学,2013.

[13] 李阳腾龙. 高速铁路轨道精测精调及其平顺性优化研究[D]. 成都:西南交通大学,2017.

[14] 脱锁民,唐鹏鹏. 高速铁路无砟轨道道岔精调问题分析与作业方法[J]. 铁路技术创新,2017(2):37-40.